CAMINHOS TRILHADOS NA LUTA ANTIRRACISTA

CAMINHOS TRILHADOS NA LUTA ANTIRRACISTA

Zélia Amador de Deus

 Coleção Cultura Negra e Identidades

autêntica

Copyright © 2020 Zélia Amador de Deus

Todos os direitos reservados pela Autêntica Editora Ltda. Nenhuma parte desta publicação poderá ser reproduzida, seja por meios mecânicos, eletrônicos, seja via cópia xerográfica, sem a autorização prévia da Editora.

COORDENADORA DA COLEÇÃO
Nilma Lino Gomes

CONSELHO EDITORIAL
*Marta Araújo (Universidade de Coimbra);
Petronilha Beatriz Gonçalves e Silva (UFSCAR);
Renato Emerson dos Santos (UERJ); Maria
Nazareth Soares Fonseca (PUC Minas);
Kabengele Munanga (USP)*

EDITORAS RESPONSÁVEIS
*Rejane Dias
Cecília Martins*

REVISÃO
*Bruna Emanuele Fernandes
Carla Neves*

CAPA
*Alberto Bittencourt
(Sobre ilustração de EV-DA/Shutterstock)*

DIAGRAMAÇÃO
Waldênia Alvarenga

Dados Internacionais de Catalogação na Publicação (CIP)
(Câmara Brasileira do Livro, SP, Brasil)

Deus, Zélia Amador de
  Caminhos trilhados na luta antirracista / Zélia Amador de Deus. -- 1. ed. -- Belo Horizonte : Autêntica, 2020. -- (Coleção Cultura Negra e Identidades)

  ISBN 978-85-513-0712-0

  1. Antirracismo - Brasil 2. Brasil - Relações raciais 3. Desigualdades sociais 4. Discriminação racial 5. Negros - Identidade racial 6. Racismo - Brasil I. Título. II. Série.

20-32655   CDD-305.8009

Índices para catálogo sistemático:
1. Racismo : Relações raciais : Sociologia 305.8009

Iolanda Rodrigues Biode - Bibliotecária - CRB-8/10014

Belo Horizonte
Rua Carlos Turner, 420
Silveira . 31140-520
Belo Horizonte . MG
Tel.: (55 31) 3465 4500

São Paulo
Av. Paulista, 2.073 . Conjunto Nacional
Horsa I . 23º andar . Conj. 2310-2312
Cerqueira César . 01311-940 . São Paulo . SP
Tel.: (55 11) 3034 4468

www.grupoautentica.com.br

SUMÁRIO

7   Nota da Autora

17   Prefácio: Zélia Amador de Deus, a Ananse da/na Amazônia
Jane Felipe Beltrão

21   Apresentação
Nilma Lino Gomes

29   **Centro de Estudos e Defesa do Negro do Pará**

33   **Regidos pelo signo da violência:
as dores do racismo e da discriminação racial**

43   **O corpo negro como marca identitária na diáspora africana**

51   **Espaços africanizados do Brasil: algumas referências
de resistências, sobrevivências e reinvenções**

65   **Os desafios da academia frente à Lei n.° 10.639/03**

77   **As *personas* (máscaras) do racismo**

89   **A travessia: a saga do movimento negro brasileiro contemporâneo**

99   **Políticas de ação afirmativa como
estratégia de construção da igualdade racial**

Nota da autora

Ninguém é melhor do que tu! Ninguém!
Francisca Amador de Deus

Lembro-me de que, desde muito cedo, minha avó me dizia que eu era preta, mas que não deveria me "abaixar", porque ninguém era melhor que eu. Nasci no meio de uma fazenda de gado bovino do Marajó. No tempo em que nasci, era município de Soure, hoje, é município de Salvaterra. Minha mãe engravidou na adolescência; quando eu nasci, ela havia acabado de completar 15 anos. Ela fez 15 anos em setembro; pouco mais de um mês depois, em outubro, nasci. Minha avó ficou muito desgostosa, e dali em diante meteu uma ideia na cabeça: tinha que sair daquele lugar, pois eu teria que ter um outro destino, diferente do destino de minha mãe. Deveria ir para a cidade estudar. Meu avô era vaqueiro da fazenda e minha avó trabalhava no rancho, fazendo comida e lavando roupa para os trabalhadores da fazenda.

Ideia na cabeça, minha avó era persistente: foi juntando um dinheirinho aqui, outro ali, e assim, quando eu tinha 1 ano e 6 meses, ela comandou a ida para Belém. A missão era uma só: eu não deveria ser criada naquele ambiente. Migramos para Belém. Essa história eu sei de tanto que ela contava.

Creio que a chegada à Belém deve ter sido traumática, mas minha avó já tinha parentes que moravam em uma periferia da cidade. Quando me entendi, achei que era o fim da cidade: sem serviço de saneamento, sem água encanada, sem luz elétrica e com um parco serviço de transporte público.

Hoje, eu imagino o quanto deve ter sido duro esse corte, essa mudança. A maior dificuldade talvez se devesse ao fato de, à exceção de minha mãe (que me pedia para que não a chamasse de mãe – portanto, minha mãe era minha avó, e meu pai, o meu avô), que estudara até a segunda série primária, hoje Ensino Fundamental 1, meus avós eram analfabetos. Meu avô, como precisava sair de casa para trabalhar, aprendeu a reconhecer as linhas de ônibus, contar dinheiro e fazer contas; minha avó se recusava a aprender, sequer reconhecia o valor das notas do dinheiro.

Ao chegar à Belém, minha mãe foi trabalhar em casa de família. Era uma adolescente em regime de semiescravidão. Tinha folga de quinze em quinze dias, aos domingos, a partir das 16 horas – grande folga. Mais tarde, quando me entendi, achava isso um grande absurdo, mas essa era a regra do jogo. Em contrapartida, o salário mal dava para ela, portanto, mal conseguia ajudar financeiramente meus avós. Minha avó lavava roupa para fora e meu avô passou a trabalhar como braçal em uma empreiteira que fazia o saneamento de Belém. Trabalho pesado, ele abria buracos para enterrar os tubos, trabalhava de sol a sol. Tinha as mãos cheias de calos, acordava todos os dias às quatro da manhã.

O tempo foi passando. Quando conseguiram juntar um dinheirinho, compraram um barraco de dois cômodos, e foi ali que eu vivi por muito tempo. Para a escola, só fui aos 7 anos, pois eu era muito alérgica, alergia alimentar que me acompanha até hoje. Então, minha avó me matriculou em uma escola particular, Externato Santo Expedito. A professora – Lourdes Dayse Gonçalves Dias, Dona Dayse – era normalista e considerada boa docente. Mantinha uma sala de aula, classe multisseriada em que trabalhava desde a alfabetização até a quarta série primária, hoje, Fundamental.

Aqui, faço uma breve digressão: a primeira vez que ouvi falar mal da classe multisseriada, levei um susto, pois eu havia me beneficiado dela. Explico: era uma criança muito atenta e bastante observadora e, por isso, aprendia tudo, tanto o conteúdo da minha série quanto o das outras séries. Feita a digressão, retorno à minha narrativa. Em um ano me alfabetizei, e fiz o primeiro ano em seguida. No ano seguinte cursei a segunda série.

Devo dizer que, na escola de Dona Dayse, eu não percebia o racismo. Quase todas as crianças eram negras (pretas ou pardas); brancas, nenhuma. Comecei a me dar conta do racismo quando fui para o colégio, na terceira série. No bairro onde eu morava não havia grupo escolar público, mas existia o colégio das freiras, Irmãs Luísa de Marillac, ligadas à ordem das Vicentinas. Instituto Catarina Labouré era o nome do colégio, que tinha convênio com o governo do estado para atender as crianças do bairro. O colégio, como dizíamos, mesmo mantido pelo estado, cobrava uma pequena mensalidade (disse, pequena, mas, para o bolso de minha família, pesava).

Enfim, afastei-me da rua em que morava, pois, o colégio ficava – e ainda fica – na avenida mais importante do bairro. O uniforme tinha que ser impecável. Todos os dias, a caminho do colégio, eu tinha que escutar o coro de "nega do batuque". Não me importava muito, pois, eu adorava o batuque. Havia dois terreiros perto de casa e eu não perdia nenhum dia de toque, achava lindo ver as pessoas dançando. Meu sonho era dançar igual, então, isso para mim não era ofensa. Mas não custou muito e veio a "nega do cabelo de palha de aço". Aí foi demais, aí me ofendi e logo veio à minha cabeça a fala constante de minha avó: "Não te abaixa, ninguém é melhor do que tu!". Ódio! Queria pegar a ofensora ou o ofensor, e, no dia que consegui, descobri que era uma ofensora. Dei-lhe uns tabefes. Era a Raimunda das Graças, que Deus a tenha. Mais tarde ficamos amigas, e ela passou a me respeitar. Éramos da mesma turma e eu só tirava dez em todas as matérias, até no catecismo; tinha boa memória e meu nome começava com "Z", então, seguindo a ordem alfabética, quando chegava a minha vez, eu já havia decorado tudo.

Em sala de aula, eu era a negra respeitada porque tirava notas boas – era negra, mas inteligente. Assim, eu ia levando. Era muito boa em Matemática e ajudava a freira que era minha professora, Irmã Zoé. A ajuda consistia em sentar ao lado das colegas fracas em Matemática e ajudá-las a fazer a tarefa. Irmã Zoé dizia que eu era sua monitora. Ela era branca, muito branca, mas parecia gostar de mim, até que, ainda naquele ano, aconteceu. Aquele talvez tenha sido o fato mais marcante em minha vida de pessoa preta; por muito tempo fiquei remoendo e não o relatava, mantinha um silêncio sobre isso, mas hoje não faz mais diferença.

Com efeito, eis o fato: no meio da aula, mais ou menos no meio do ano, uma moça botou o rosto na porta e pediu licença à professora para falar com a turma. Permissão dada, a moça falou: "Vai haver uma dança chamada macumba, e eu estou passando nas salas para escolher meninas que queiram participar. A música da dança é 'La Bamba'". "La Bamba" é uma música folclórica mexicana que surgiu no início do século XX em Veracruz. A gravação de Trini Lopez[1] fazia muito sucesso. Meu coração palpitou. Eu adorava a música e, além disso, a dança chamava-se macumba, jeito de dançar que era o meu sonho. Achava lindo aquele jeito de dançar com o corpo inteiro, não apenas com os pés.

Naquele momento, sequer percebi o racismo contido no título da dança macumba – coisa de preto, na qual reside o letramento racista de que fala Silvio Almeida em sua obra *O que é racismo estrutural?*.[2] Enfim, retomando a narrativa, após a fala da moça, a freira pediu que ficassem de pé todas as crianças que quisessem participar da dança. Fui uma das primeiras e, assim como eu, outras meninas se levantaram. A freira foi escolhendo uma por uma, e cada uma das escolhidas era convidada a se sentar. Escolheu quase todas que haviam ficado de pé, menos eu, que continuei de pé até que ela mandasse eu me sentar. Sentei, inconformada. Dali em diante acabou a aula para mim. Não conseguia mais pensar em nada, apenas no fato de que eu não havia sido escolhida. Um tempo depois bateu o sino, e toda a turma saiu da sala.

Na verdade, quase toda a turma. Eu fiquei na sala, e me plantei na frente da freira, perguntando: "Por que a senhora não me escolheu?". Senti, naquele momento, que ela gaguejou. Não queria me dizer, começou a dar desculpas. Naquele instante me lembrei das aulas de minha avó: "Ninguém é melhor do que tu! E mais: se alguém quer parecer melhor do que tu, olha para o meio da testa da pessoa, encara e pensa 'Ninguém é melhor do que eu'. Pensa com toda a força e imagina aquela pessoa fazendo tudo o que tu fazes – come igual a ti, descome igual a ti –, aí você se sente à vontade". E assim fiz. Queria uma resposta, fosse qual fosse, até que ela me respondeu meio que pouco à vontade, quase gaguejando: "É que na turma nós temos crianças de todo jeito, umas ajeitadinhas, outras menos, e a gente escolhe para essas atividades as mais ajeitadinhas, as mais bonitinhas". Levei um susto: quer dizer então que eu era feia. Olhei bem para ela e disse: "Não sou mais sua monitora". Fui para casa pensando: em absoluto, eu não me achava feia – na verdade, pelo contrário –, mas a minha maior surpresa foi que, entre as meninas que ela escolheu, tinha uma que eu achava muito feia, a Benedita, pois ela tinha uma cara de cavalo.

---

[1] Disponível em: <http://bit.ly/383UKTu>. Acesso em: 25 jul. 2019.

[2] ALMEIDA, Silvio. *O que é racismo estrutural?* Belo Horizonte: Letramento, 2018.

Coitada da Benedita! Cheguei em casa triste e pensativa, e contei o caso para minha avó, que se pôs a brigar comigo. Eu não tinha nada que me levantar, pois ainda iria era arranjar despesa. Pobre não entra nessas coisas, essas freiras querem é dinheiro. Depois, ela virou para mim e disse: "Tu não és feia, ela disse isso porque tu és preta". Essa frase nunca mais saiu da minha cabeça. Eu sou preta! Já não bastava ser pobre, eu também era preta, e nunca deixei de ser preta. Levei minha pretura comigo para a vida. Continuei no colégio, no ano seguinte fiz a quarta série, e depois a quinta. Fiz o Exame de Admissão e entrei para o Instituto de Educação do Pará. Precisava de um diploma rápido, pois sabia que tinha que trabalhar logo – aliás, nessa época eu já dava aula particular de Matemática para conseguir dinheiro para pagar a passagem de ônibus para ir à escola, que ficava no centro da cidade.

Continuei preta. Sei que minha presença incomodava, mas eu me impunha porque era boa aluna. Quando estava na quarta série ginasial, participei de um campeonato entre escolas, que tinha perguntas sobre as matérias História, Geografia e Ciências. Eu respondia as questões de Ciências. Cada escola participante inscrevia uma equipe de três alunos que, toda quarta-feira, às 20 horas, se apresentava em um programa da TV Marajoara, a primeira emissora de televisão instalada em Belém. O certame se chamava Campeonato Colegial GuaraSuco, por ser patrocinado por uma fábrica de refrigerantes local. Naquele ano, ganhei um fã clube com direito a torcida e tudo. Quase fui invicta, pois perdi apenas uma questão. Choro, choro e mais choro, até que minha avó me disse: "Para com isto, não morreu ninguém". E eu pensei: É, de fato, não morreu ninguém. A vida segue.

Estou me estendendo nesta narrativa pessoal para mostrar que o fato de ser preta sempre caminhou comigo; em todos os lugares em que estive nunca deixei de ser preta, e sempre acalentei a ideia de contribuir para a criação de um mundo melhor. Nessa época, chegou para a paróquia da Sacramenta um padre holandês da ordem dos Crúzios, simpatizante da Teologia da Libertação. Fiquei amiga do padre, e criamos um grupo de jovens que se opunha ao já existente, de perfil muito carola. O nosso era avançado, fazíamos grupos de estudos sobre as injustiças sociais; com a ajuda do padre, discutíamos várias coisas, mas eu, como preta, até então só ouvia falar de luta racial nos Estados Unidos. Muitas vezes, falei no grupo sobre a existência de preconceito contra negros no Brasil, mas ninguém considerava o que eu dizia, pois todos achavam que aquilo era coisa de minha cabeça.

Eis que veio maio de 1968. Aqui, no Brasil, estávamos em plena ditadura militar, e o grupo da paróquia acabou migrando para o movimento estudantil secundarista, naquele momento liderado pelo partido clandestino Ação Popular (AP). Nós, do movimento estudantil secundarista, criamos uma organização, a Frente de Ação Secundarista Paraense (FASPA), para se opor à União dos Estudantes Secundaristas do Pará (UESP), presidida por um preposto do coronel Jarbas Passarinho.

Fazíamos política clandestina. Em seguida vieram as ocupações da universidade, as passeatas, a repressão, enfim... Mais tarde, não tão mais tarde, lá estava eu militando na AP, que também não tratava da questão racial, esta que continuava sendo meu incômodo. A questão era de classe, não de raça, e tínhamos que fazer a revolução. E eu ficava imaginando com meus botões: e nós? Aí eu já me via como mulher também, então, a sequência era: fazemos a revolução de classe e depois discutimos o problema do negro. Era assim que diziam: o problema do negro, o problema da mulher. Eu ficava deveras incomodada, mas continuava militando, afinal, queria mudar o mundo, queria um mundo sem injustiça. O tempo foi passando, e eu estudando e militando.

Antes de entrar para a universidade, levei um ano para me decidir se fazia ou não o vestibular. Eu já estava trabalhando, pois terminei o pedagógico e fiz um concurso público do estado, e, em 1970, já estava dando aula. Houve um encontro do partido que até então se dizia marxista-leninista, mas que a partir desse dito encontro passava a ser maoísta e bradava que todos os militantes deviam se proletarizar. Fiquei besta! Como que eu ia frustrar o sonho de minha avó? Além disso, proletária eu já era, e muito. Olhava para aquelas pessoas brancas, bem-nascidas, de classe média, falando em se transformar em operárias ou camponesas. Eu pensava comigo: "Falas assim porque nunca passaste fome". Mesmo tendo a certeza de que proletária ou camponesa eu jamais seria, fui ficando, e, no ano seguinte, fiz o vestibular e entrei para cursar Licenciatura em Letras. Ao mesmo tempo cursei Teatro, um curso livre de três anos oferecido pela Universidade Federal do Pará (UFPA). Enfim, deixei o partido.

Continuei dando aulas, estudando, fazendo teatro e ajudando aqui e ali os companheiros que queriam a minha volta, mas eu não podia voltar. Eu era preta e mulher, e não tinha como me tornar proletária ou camponesa. Naquele momento, eu exibia minha negritude e usava um cabelo *black power*. *Black is beautiful*! O período também coincidia com as independências dos países africanos do jugo do colonialismo europeu. Eu vibrava com Amílcar Cabral e Agostinho Neto. Enfim, ganhei novos ídolos, e a luta racial se tornava mais próxima de mim.

Um belo dia, encontrei com uma amiga da Escola de Teatro que também havia sido da AP. Ela me convidou para um outro partido clandestino que estava chegando à Belém e se chamava Vanguarda Armada Revolucionária Palmares (VAR-Palmares). Com esse nome, pensei, lá deve ser discutida a questão racial. Aceitei, mas ledo engano: apesar do nome Palmares, a questão era de classe, e mais uma vez me frustrei. Definitivamente a esquerda não se importava com a questão racial. Ficamos pouco tempo na VAR, pois, ela acabou. Lideranças desapareceram ou foram presas, mortas. Um dia, depois de algum tempo, fiquei sabendo por um amigo o porquê do nome Palmares: ele me disse que foi resultado de uma discussão, que aconteceu em um congresso, entre duas teses. Uma tese queria que o nome fosse Canudos, a outra, Palmares, dois grandes movimentos de rebeldia que aconteceram no Brasil; ganhou Palmares porque Canudos tinha um caráter messiânico, enquanto Palmares era mais revolucionário. De fato, a esquerda branca brasileira não via importância na questão racial, tampouco na questão das mulheres. O importante era a luta de classes. Porém, eu continuava mulher e preta.

Com efeito, a vida seguia, e eu continuava procurando meu espaço de militância. Entrei para a universidade como professora em 1978. No meu departamento eu era a única mulher negra em um lugar repleto de homens brancos e algumas mulheres brancas. E eu continuava mulher e preta. Nesse momento, já havia estudado muito sobre a questão racial. Ao entrar na universidade, pensei, nunca vou deixar de ser preta, nunca vou deixar de ser mulher, e essas serão sempre minhas bandeiras de luta.

Meu departamento, de artes e comunicação, ficava no Centro de Letras e Artes. Lá ocupei todos os cargos: coordenadora de curso, chefe de departamento e diretora do centro. Trabalhei muito, visto que, em 1980, fui uma das fundadoras do Centro de Estudos e Defesa do Negro do Pará (CEDENPA). Enfim, meu espaço de luta. Continuei na universidade, sempre trabalhando mais do que devia. Cheguei a vice-reitora, mas mal podia vislumbrar a ideia de que a universidade um dia viria a ser minha trincheira de luta.

No movimento negro tenho uma participação importante em nível nacional. Participei do Grupo de Trabalho Interministerial para a Valorização da População Negra, que ficou conhecido como GTI da População Negra. Antes devo dizer que esse grupo foi criado pelo presidente Fernando Henrique Cardoso, em resposta à marcha de celebração dos trezentos anos de Zumbi dos Palmares. Intitulada Marcha Zumbi dos Palmares pela Cidadania e pela Vida e realizada no dia 20 de novembro de 1995, em Brasília, o evento exigiu políticas públicas de combate ao racismo e de eliminação da discriminação racial. O GTI foi criado em 1996 e eu dele fazia parte, representando a sociedade civil.

No GTI, participei do Grupo de Educação e do Grupo de Políticas de Ações Afirmativas. Estudei muito sobre essas políticas. Porém, na universidade eu ainda era uma voz isolada – apesar de nunca me calar. Então, foi assim que, em 2003, em conjunto com alguns professores e estudantes, criei o Grupo de Estudos Afro-Amazônico, na verdade o primeiro Núcleo de Estudos Afro-Brasileiros das universidades do norte do país, chamado de grupo porque, conforme a estrutura da UFPA, os núcleos são espaços de Pós-Graduação.

O primeiro projeto do grupo foi o de cotas para negros e negras na universidade. Em 2003, demos entrada no processo de aprovação desse projeto no Conselho Superior de Ensino, Pesquisa e Extensão (CONSEPE), entre engavetamentos e reuniões que propositalmente ficavam sem quórum para decisão, pois o reitor à época era contra as cotas. Porém, conseguimos aprovar a proposta em 2005, embora, por embargo do Ministério Público, ela só tenha sido efetivada em 2008. Ainda assim, a UFPA foi a única universidade da região Norte a ter o sistema de cotas até que o projeto de lei aprovado pelo congresso o tornasse obrigatório. Em 2009, ajudei a professora Jane Beltrão a criar reserva de vagas para povos indígenas – duas vagas em cada curso da UFPA, oferecidas para pessoas indígenas. Essas pessoas se inscrevem e participam de um processo seletivo especial composto de uma redação e uma entrevista para comprovar seu pertencimento. Aqui devo dizer que, em 2003, o Grupo de Estudos Afro-Amazônico apresentou a proposta de reserva de vagas para quilombolas – embora só tenhamos conseguido aprová-la em 2012 –, cujo método é o mesmo utilizado para os povos indígenas.

O Grupo de Estudos Afro-Amazônico criou uma Assessoria de Diversidade Étnico-Racial, que só foi oficializada nesta gestão, iniciada em 2017. Quando fui convidada pelo reitor a elaborar na estrutura da universidade um órgão que pensasse na diversidade e na inclusão, logo foi criada a Assessoria da Diversidade e Inclusão Social (ADIS) da UFPA. Recentemente, a ADIS apresentou proposta de reserva de vagas para refugiados, refugiadas e imigrantes, sendo essa proposta ampliada no CONSEPE pela conselheira Jane Beltrão. A Resolução aprovada inclui, para além de refugiados, refugiadas e migrantes, as pessoas asiladas, as apátridas e as vítimas de tráfico de pessoas.

Enfim, os parceiros foram aumentando na universidade. Os estudantes que entram pelas cotas se organizam em coletivos, sobretudo as mulheres negras, indígenas e quilombolas, que criaram suas associações e pleiteiam fazer parte da representação estudantil nos conselhos superiores, além dos estudantes estrangeiros, advindos de convênios, que criaram suas associações, de maneira que, hoje, a cara da UFPA é diferente do que era antes das políticas de ações afirmativas.

Os escritos deste livro consistem em uma pequena amostra das inúmeras palestras ou artigos que publiquei na minha trajetória acadêmica, frutos de uma história de luta contra o racismo, porque se há uma certeza que carrego comigo é que sempre fui, e continuarei sendo, enquanto vida tiver, uma mulher preta com o sonho de consertar o mundo.

Prefácio
Zélia Amador de Deus, a Ananse da/na Amazônia

Jane Felipe Beltrão[1]

Creio que Ananse pode concordar que Zélia Amador de Deus é uma entre muitas pessoas que, militantemente, espalha as histórias que ela deixou, como herança, a todas(os) nós. No caso de Zélia, as histórias escorregam, delicadamente, pelas poderosas mãos da narradora que, incansável, a muitos encanta.[2] Conheço Zélia há mais de quarenta anos, sempre atenta ao combate ao racismo e à agregação de pessoas negras em benefício da causa, sem esquecer-se de estender os fios de sua teia de Ananse em busca de aliadas(os) à causa entre outros segmentos sociais. Deixei-me prender em sua teia. Ela nos leva a preparar uma sociedade democrática e plural. Herdeira das africanidades, nascida no município de Soure, hoje Salvaterra, no Arquipélago do Marajó, no Pará, Zélia é mestre da oralidade. Sabemos nós que os textos "de circulação oral se assenta[m] em torno de um eixo dinâmico e transitório, responsável por fazer oscilar tanto seus contextos de interpretação como os de recepção e armazenamento",[3] e, ao mesmo tempo, requerem da audiência memória para nuançar e disseminar as narrativas. No Pará e na(s) Amazônia(s), as

---

[1] Professora titular da UFPA.

[2] Ananse, a aranha que foi capaz de tecer uma grande teia e conseguir o baú de histórias das mãos de Kwame, permitindo que tivéssemos histórias. Ananse, a deusa, acompanhou seus filhos espalhados pelo mundo. O mito de Ananse, originário da cultura dos povos Fanti-Ashanti, da região do Benin, na África Ocidental, se espalhou, se renovou e se renova em diversos lugares das Américas. Ananse, com suas teias e suas histórias, acompanhou seus filhos na afro-diáspora (conceito cunhado por Zélia Amador de Deus no artigo "O corpo negro como marca identitária na diáspora africana", publicado nesta coletânea).

[3] LEITE, E. F.; FERNANDES, F. *Trânsitos da voz: estudos de oralidade e literatura*. Londrina: EDUEL, 2012. p. 7.

narrativas orais circulam e, quando os temas dizem respeito à negritude, o nome de Zélia desponta. Amigas(os), colegas e discentes são capazes de identificar as falas que consideram mais significativas, porém poucos de nós temos acesso aos escritos de Zélia. A edição de alguns de seus escritos traz a público acesso ao pensamento de nossa mestra da oralidade, pois o livro que se traz a lume é um registro de passagens que deixaram de ser unicamente "trânsitos da voz" em tons diferenciados e por vezes dramáticos – afinal, a autora é também atriz e sabe prender uma plateia, mesmo que ela lhe seja adversa. A voz ganha os trânsitos dos registros escritos que também se espalham por caminhos "nunca antes navegados", pois não os dominamos.

As(os) leitoras(es) e as audiências de antes conquistam o privilégio de, além de ouvi-la, lê-la narrando histórias que precisam ser conhecidas para que o respeito às diferenças de natureza étnico-raciais sejam respeitadas. Os textos informam o(a) leitor(a) sobre a criação do Centro de Estudos e Defesa do Negro do Pará (CEDENPA), hoje, reconhecido como um dos braços fortes dos movimentos negros que em muito vêm auxiliando na luta pelos direitos de negras(os) e pelos territórios pertencentes aos coletivos negros no Pará. O conjunto dos textos mostra os caminhos percorridos por Zélia Amador de Deus, desde sua ativa participação na III Conferência Mundial Contra o Racismo, Discriminação Racial, Xenofobia e Intolerância Correlata, ocorrida em Durban, na África, e que deu origem à Declaração e ao Programa de Ação de Durban, até as recentes discussões que faz sobre os diversos assuntos referentes à negritude, considerando os contextos e as mudanças políticas. A autora não se intimida em falar das dores do racismo e da discriminação, estas sempre custodiadas pela violência que não oferece trégua às(aos) filhas(os) de Ananse e que se espalha pelo mundo a partir da diáspora africana que transplanta para a América e para o Caribe, sobretudo, inúmeras etnias africanas que durante décadas foram submetidas à escravidão pelo colonizador. O lamentável ato colonial deixa, no eixo equatorial e para além dele, marcas indeléveis que, mesmo com a conquista da legislação que insere o debate do racismo nas escolas, ainda se fazem presentes e dificultam a transposição das barreiras históricas que travam o combate efetivo do racismo. O racismo usa de várias máscaras, se apresentando em todos os lugares, e, como vem mascarado, esse disfarce dificulta seu entendimento por muitos que, conscientemente ou não, reproduzem a sociedade, *grosso modo*, branca, classista e racista que afasta e corrói os laços de solidariedade/sororidade que podem ser construídos entre os povos, os grupos sociais, em busca de uma sociedade que afaste todas as formas de intolerância, para ter Durban sempre em mente. Zélia não venceu unicamente a travessia da Baía do Marajó – foi além, e muitas são as travessias que enfrentou, andando nas ruas, oferecendo cursos, fazendo conferências, atuando no teatro, sem esquecer que é mulher, é negra e é amazônica. Símbolos de diferenças que os demais tentam transformar em desigualdades e que, quando recaem sobre uma única pessoa, maltratam, revelando desrespeito e intolerâncias, pois apontam o lugar da desigualdade. Caro(a) leitor(a), não pense que Zélia arrefece por conta das marcas sociais da diferença: ela ressurge pleiteando políticas afirmativas para recepcionar os vulnerabilizados, tentando convencer os incrédulos e racistas de que vale lutar e produzir ações contra as desigualdades e o racismo que assaltam nossas mentes.

Como Amador de Deus, Zélia é Ananse, aquela que nos oportuniza conhecimento acadêmico associado à militância, suficiente para cantar: muda, Brasil!

Belém, 26 de julho de 2019.

Apresentação

Nilma Lino Gomes[1]

É uma honra tornar pública uma parte da produção acadêmica da professora Zélia Amador de Deus, da Universidade Federal do Pará. Este livro é uma homenagem pela grandeza do trabalho, militância, intervenção política, conquistas como mulher negra, intelectual, ativista, nascida e criada na região amazônica cuja história se confunde com as lutas antirracistas e por democracia no país, com destaque para a região Norte e se estendendo para outros estados e municípios brasileiros.

É também a oportunidade de homenagear em vida pessoas que ajudam a tornar a sociedade brasileira mais justa e menos desigual. Se hoje, em nossa Constituição Federal, na Lei de Diretrizes e Bases da Educação Nacional, no Plano Nacional de Educação e no Supremo Tribunal Federal temos um lugar legítimo para a questão racial, é porque pessoas como a professora Zélia existem e nunca se cansam de lutar.

Se podemos falar sobre a Lei n.º 10.639/03 – que dispõe sobre a obrigatoriedade do ensino de história e cultura afro-brasileira e africana nos currículos das escolas públicas e privadas da educação básica –, a Lei n.º 12.711/12 – de cotas sociorraciais nas Instituições Federais de Ensino (IFES) –, a Lei n.º 12.990/14 – de cotas raciais nos concursos públicos federais –, a Lei n.º 12.288/10 – do Estatuto da Igualdade Racial –, a Portaria 13/2016, do Ministério da Educação – que induz a criação de cotas raciais na pós-graduação –, e sobre outras conquistas e políticas de igualdade racial implementadas em nosso país, é porque pessoas como a professora Zélia denunciaram, militaram, apresentaram propostas efetivas para a sociedade e para a universidade e concretizaram-nas, pressionaram

---

[1] Professora titular emérita da Faculdade de Educação da UFMG.

o Legislativo, o Judiciário e o Executivo pela implementação de políticas de ações afirmativas para a população negra. E o fazem até hoje.

Essa perseverança e essa vontade de fazer do país um lugar melhor para se viver permanecem como a escolha política e a orientação de vida de Zélia Amador de Deus e de tantas outras mulheres negras que vivem, educam, lutam, amam e sonham. Algumas são mais conhecidas, outras são anônimas. Algumas compõem o contingente das jovens feministas negras do século XXI, outras atuam nos seus lugares específicos sem necessariamente ter um vínculo político-organizativo, uma presença na universidade ou na mídia. Mas será que as novas gerações negras, as(os) estudantes cotistas, os coletivos negros das universidades conhecem e já leram os trabalhos produzidos pela professora Zélia Amador de Deus? Conhecem e leem autoras e autores negros que estão fora do eixo Sul-Sudeste do Brasil?

Aquelas e aqueles que conhecem o trabalho da autora deste livro certamente têm sido reeducados e fortalecidos por essa leitura. Mas os que ainda não conhecem estão perdendo a grande oportunidade de usufruir das ideias, reflexões e histórias de uma intelectual negra e ativista cuja ação política e acadêmica ajudou a transformar a nossa sociedade e a universidade na qual estudam. Por isso, a leitura deste livro, que traz alguns dos seus artigos, é uma leitura obrigatória. Não só para as negras e os negros acadêmicos, mas para todas as pessoas que querem compreender um pouco mais sobre o pensamento negro brasileiro e o antirracismo em nosso país.

Esta publicação pode ser considerada como uma autobiografia etnográfica, como a própria Zélia Amador de Deus nomeia a sua escrita em um de seus textos. Nos oito artigos aqui reunidos, a autora apresenta, por meio de uma produção teórica e politicamente posicionada, dimensões políticas, sociais e culturais que marcaram e marcam a história social e política brasileira ainda pouco conhecida. É o olhar sobre essa história produzido por uma mulher negra, ou uma mulher preta, como a própria Zélia faz questão de nomear a si mesma. Mas essa jamais será uma história individual. Ela faz parte de um coletivo, e é construída dessa maneira.

Como exímia narradora, que teve o privilégio de participar como protagonista de momentos marcantes da luta contra a ditadura militar, do processo de redemocratização do país, da organização política do movimento negro contemporâneo e da implementação das políticas de igualdade racial, a professora Zélia apresenta, analisa e reflete sobre os problemas centrais vividos por aquelas e aqueles que transformaram e transformam a igualdade racial e o antirracismo não só em bandeiras de luta, mas também na sua principal razão de viver.

Viver uma vida lutando contra o racismo e o machismo para que as novas gerações negras possam usufruir dignamente do direito à vida. Para que participem de uma sociedade mais justa.

Infelizmente, os índices de mortalidade dos nossos jovens negros, os dados da violência que incide sobre a população negra, em especial sobre as mulheres negras, e a situação de desigualdade das negras e dos negros no mercado de trabalho revelam que ainda temos que lutar muito. As conquistas alcançadas ainda são poucas diante da forma como o racismo está incrustado na estrutura da nossa sociedade e articulado com o patriarcado e o capitalismo. E a professora Zélia Amador de Deus continua lutando, reivindicando e transformando a região onde mora e o país.

A sua história de vida nos remete à história de muitas mulheres negras e pobres brasileiras. Ao ler a sua Introdução, tenho certeza de que várias de nós nos identificamos com a história por ela contada. A sua narrativa começa relembrando o seu nascimento, a dura condição das mulheres e dos homens negros que trabalham nas fazendas no estado do Pará, nas quais é perceptível, até hoje, a continuidade das estruturas escravistas. Em muitos lugares do Brasil, ainda hoje os grandes latifundiários e fazendeiros endinheirados desfilam a cavalo ou de carro pelas suas muitas plantações e/ou criações de gado e pelos seus canteiros envenenados pelos agrotóxicos. Esses homens (e algumas mulheres), brancos, herdeiros dos grandes senhores das casas grandes ou que se tornaram novos-ricos por meio da exploração da terra e dos primeiros moradores por meio golpes financeiros possibilitados pelo sistema capitalista em que vivemos, alimentam-se e perpetuam-se por meio do trabalho escravo, da exploração dos trabalhadores e das trabalhadoras, da usurpação das terras quilombolas e indígenas do passado e do presente. É o que alicerça a sua riqueza. E se tornam intocáveis pela justiça, pois são eles que fazem a sua própria justiça até hoje. Situação vivida pela família da professora Zélia e por tantas outras do nosso país e que atinge a população negra, os indígenas, os quilombolas, os trabalhadores do campo e tantos outros.

As nossas políticas sociais e a tentativa de construir a justiça social não conseguiram extirpar esse grau de exploração da terra e do território da vida das pessoas que moram no meio rural ou no campo brasileiro. A violência, o patriarcado e o racismo continuam. Eles são estruturais e históricos. Por isso, só uma mudança estrutural poderá freá-los. Para tal, é preciso não só mudanças nas políticas governamentais e estatais, mas também pessoas de coragem, prudência e perspicácia que aceitem o desafio de disputar e desmascarar o poder. Este livro nos apresenta uma delas.

Ao narrar parte do seu percurso de vida, a professora Zélia nos apresenta, na Introdução deste livro, a história de luta, garra e perseverança da mulher negra, principalmente os sábios ensinamentos das mais velhas, para que as crianças, adolescentes e jovens negras não se deixem dominar pelo racismo.

Dona Francisca Amador de Deus, sua avó materna, interferiu de forma enérgica na trajetória de vida da sua família, em especial da sua neta. A criança Zélia, mais uma menina negra que nasceu de um ventre adolescente, compreendeu desde muito cedo que a força, a coragem, a sinceridade, o enfrentamento, o vigor da palavra e do gesto deveriam fazer parte da sua postura diante da vida. Isso se tornou parte da sua forma de ser e estar no mundo. Da sua identidade. Não há quem conheça a professora Zélia Amador de Deus e não reconheça essas características na sua personalidade forte.

Ao mesmo tempo, a doçura, a amizade firme e sincera, o gosto pela arte, o acolhimento da maternidade e o cuidado com a família também são características visíveis dessa mulher guerreira. As amigas e os amigos mais próximos são testemunhas disso.

"Ninguém é melhor do que tu." Esse ensinamento da avó Francisca acompanha a vida, as escolhas, as recusas, as ações políticas e acadêmicas da autora dos artigos aqui apresentados. Ele pode ser interpretado e lido nas entrelinhas dos seus artigos, na escolha das autoras e autores com os quais trabalha. A leitora e o leitor poderão notar que algumas referências acadêmicas são centrais no seu pensamento. Estas são sempre retomadas, e suas reflexões são apresentadas nos vários encontros, palestras e apresentações de trabalhos em eventos científicos que originaram os artigos aqui organizados.

No artigo "Centro de Estudos e Defesa do Negro do Pará", de 1997, fruto de uma das exposições feitas pela autora, encontramos a sua narrativa sobre o trabalho de militância e de luta cotidiana desenvolvido pelo Centro de Estudos e Defesa do Negro do Pará (CEDENPA), a única organização em Belém do Pará criada e fundada por negros, da qual ela é cofundadora. Um relato de uma experiência local, cuja publicação possibilita que a iniciativa seja conhecida em outros lugares do país e que lhe seja feita justiça quando narramos sobre o histórico das organizações negras no Brasil.

"Regidos pelo signo da violência: as dores do racismo e da discriminação racial", de 2010, é resultado de uma apresentação no II Encontro da Sociedade Brasileira de Sociologia da Região Norte. Zélia Amador de Deus analisa os efeitos do racismo e da colonização sobre o corpo negro. Segundo ela, é "esse corpo que, estigmatizado pelo racismo, será a marca da discriminação, exposto aos castigos, aos trabalhos forçados e a toda forma de exploração. Por outro lado, esse mesmo corpo virá a ser instrumento de afirmação de identidades *no embate com os opressores em um processo de tomada de consciência* e, também, é esse mesmo corpo que poderá ser objeto de repulsa em um processo de autonegação" (grifos da autora).

A reflexão sobre o corpo reaparece no artigo "O corpo negro como marca identitária na diáspora africana". Apresentado em 2011 durante o XI Congresso Luso-Afro-Brasileiro de Ciências Sociais, cujo tema era Diversidade e (Des)igualdades, o texto trata da diáspora africana nas Américas. Para falar sobre a diáspora e a sua relação com o corpo negro, Zélia Amador de Deus utiliza a metáfora de Ananse, mito originário da cultura dos povos Fanti-Ashanti, da região do Benin, na África Ocidental. Ananse é a aranha que foi capaz de tecer uma grande teia e conseguir o baú de histórias das mãos de Kwame, permitindo que tivéssemos histórias no mundo.

A autora discute o corpo e a cultura como instrumentos de resistência que exercem um papel importante no processo de construção de identidades dos africanos em condição de subalternidade. Analisa que o corpo do africano e dos seus descendentes, para o bem ou para o mal, sempre vem à cena, se põe e se expõe, transforma-se em texto no discurso que enuncia e anuncia. É um corpo que fala. Ao mesmo tempo que é um corpo estigmatizado pelo racismo, é também um instrumento de afirmação de identidades no embate com os opressores em um processo de tomada de consciência.

"Espaços africanizados do Brasil: algumas referências de resistências, sobrevivências e reinvenções", de 2012, trata da diáspora africana em um contexto em que a África trazida para as Américas, de alguma forma, sobreviveu e, ao mesmo tempo, funcionou como instrumento de sobrevivência dos africanos e de seus descendentes. Nesse particular, as culturas de matriz africana, ao longo do tempo, foram e são utilizadas como estratégias políticas que forjam processos de negociações, destacando os quilombos contemporâneos brasileiros como espaços africanizados presentes na narrativa de nacionalidade brasileira.

"Os desafios da Academia frente à Lei n.º 10.639/03" é um artigo, também de 2012, que trata dos desafios de implementar essa legislação sem que as universidades e os centros universitários alterem seus currículos e sem que a Academia mude o seu eixo de formação, tratando de maneira equânime as histórias e culturas que formam a nação brasileira. Analisa que os equívocos na formação de profissionais acontecem pelo fato de a Academia trabalhar com instrumentos epistemológicos de origem eurocêntrica, que não são capazes de fornecer condições para que a realidade do país seja analisada em todas as dimensões.

"As personas (máscaras) do racismo" é um texto de 2015. Apresenta uma breve reflexão sobre as diversas faces que o racismo como fenômeno social tem adquirido ao longo da história com o fito de manter-se "vivo" e eficiente na tarefa de gerar subalternidades. A narrativa elabora um breve perfil do racismo, utilizando as diversas personas (máscaras) que esse fenômeno adquiriu ao longo do tempo para se manter. Discute que a plasticidade do racismo o induz a ser um fenômeno que a cada momento histórico, dependendo da situação, torna-se capaz de operar várias metamorfoses e adquirir e renovar a sua própria face.

No artigo "A travessia: a saga do movimento negro brasileiro contemporâneo", de 2017, Zélia Amador de Deus assume o papel de narradora-testemunha para contar, de forma breve, uma saga do movimento negro brasileiro contemporâneo. Esta diz respeito à "invenção" do 20 de novembro – Dia Nacional da Consciência Negra – como data significativa para o movimento negro brasileiro contemporâneo e símbolo da presença histórica de Zumbi, líder do Quilombo dos Palmares. Para a afirmação de alguns conceitos utilizados ao longo da narrativa, a autora se apoia em autores que são chamados à cena quando necessário. Nesse artigo, ela se vê como uma narradora que, com certo privilégio, participou do espetáculo – e não apenas como espectadora, mas como personagem envolvida na cena. Mesmo quando espectadora, o que pode ter acontecido algumas vezes, a autora relata que sempre interferiu na história, assim como faz o espectador que deve intervir na ação, de acordo com a proposta do Teatro do Oprimido, de Augusto Boal.

"Políticas de ação afirmativa como estratégia de construção da igualdade racial", publicado em 2019 na *Revista da ABPN*, é resultado da participação da autora no evento dos trinta anos de publicação do *Caderno de Pesquisa Raça Negra e Educação*, pela Fundação Carlos Chagas. O texto localiza as ações afirmativas no quadro das legislações internacionais e aponta a sua principal função, que é a reparação aos danos causados pelo racismo às populações por ele vitimadas. Para a realização dessa tarefa, utilizou-se como método a autobiografia etnográfica e, em consonância com ela, foram analisados os dispositivos legais pertinentes ao tema proposto. Constatou-se que o racismo começa a ser preocupação legal nos países europeus após a Segunda Grande Guerra. Discute-se que a maneira como as legislações internacionais de combate ao racismo foi organizada e a sua interferência na sociedade só foi possível graças ao protagonismo dos grupos vitimizados por esse mesmo fenômeno. A sua atuação deu um caráter estratégico ao conjunto legal e abriu caminhos para a construção da igualdade racial.

A publicação deste conjunto de oito artigos não dá conta do extenso trabalho realizado pela professora Zélia. Os textos aqui apresentados e escolhidos pela própria autora representam o núcleo central do seu pensamento e da sua intervenção acadêmica e política desde os anos 1990 até o ano 2019. Muito já foi produzido por ela na sua atuação acadêmica e na sua política de ensino, pesquisa e extensão. Aulas, peças teatrais, palestras, seminários, minicursos, cursos de especialização, orientações acadêmicas e gestão acadêmica são algumas das atividades que compõem a sua forma de intervenção na sociedade e na universidade.

Como a própria autora diz:

> Os escritos deste livro consistem em uma pequena amostra das inúmeras palestras ou artigos que publiquei na minha trajetória acadêmica, frutos de uma história de luta contra o racismo, porque se há uma certeza que carrego comigo é que sempre fui, e continuarei sendo, enquanto vida tiver, uma mulher preta com o sonho de consertar o mundo.

Reitero a minha emoção e a honra de participar desta publicação-homenagem a essa mulher negra, intelectual, ativista, amorosa e guerreira.

Centro de Estudos e Defesa do Negro do Pará

Nesta minha exposição falarei, especificamente, sobre um trabalho de militância, de luta no dia a dia que vem sendo desenvolvido pelo Centro de Estudos e Defesa do Negro do Pará (CEDENPA), entidade que represento e que é a única, em Belém do Pará, criada e fundada por negros.[1] Em 1979, alguns negros começaram a se reunir, propondo-se a criar uma entidade que denunciasse o racismo e lutasse contra ele. Aos poucos, fomos nos organizando. No início, timidamente, contando ainda com um quadro pouco numeroso, passamos a promover manifestações nas datas significativas para a comunidade negra: 20 de novembro, 13 de maio. Apenas no 20 de novembro de 1980, então, já mais estruturado, o grupo resolveu mudar de tática, fazendo muito barulho, ocupando todos os espaços disponíveis – Assembleia Legislativa, Câmara dos Vereadores –, enfim, se fazendo presente. A importância dessa iniciativa foi tal, que essa data passou a ser considerada como o início do grupo. A partir de então, a despeito do nosso isolamento, começamos a nos integrar com os movimentos negros da região, participando de todos os Encontros de Negros do Norte e Nordeste.[2]

---

[1] O CEDENPA é uma entidade sem fins lucrativos, sem vínculos político-partidários, fundada em 10 de agosto de 1980 e legalizada em 27 de abril de 1982, que, a partir do estado do Pará, vem contribuindo para o processo de superação do racismo, do preconceito e da discriminação que produzem as desigualdades sociorraciais, de gênero e outras, prejudicando, sobretudo, a população negra e indígena em todos os aspectos da sociedade brasileira.
Trata-se de uma associação composta por um bocado de negras e negros de diferentes faixas etárias, níveis de escolaridade e de informação, profissões e ocupações, orientações sexuais, níveis de renda, religiões, aparências físicas, vícios e outros aspectos da individualidade.
Junto com esse punhado de negras e negros estão, também, um punhado de pessoas não negras, as quais, de diferentes maneiras, apoiam esse difícil trabalho de protagonizar ações voltadas para a remoção de obstáculos antigos e novos, impostos pelo segmento racial-racista hegemônico (Veja mais em: <www.cedenpa.org.br>).

[2] As entidades negras do Norte e do Nordeste, desde 1981, têm se encontrado para discutir suas questões. Os encontros têm sido realizados sempre no primeiro semestre e são abertos a

Durante muito tempo se acreditou que, devido à grande miscigenação com o índio, praticamente não existissem negros na Amazônia. Realmente, em comparação com estados como o Maranhão e a Bahia, somos poucos. Mas, mesmo assim, há muitos negros, principalmente em determinadas regiões do estado. Alguns estudos,[3] entre os quais destaco especialmente o trabalho de Vicente Sales, *O Negro no Pará*, mostram que o negro se concentra principalmente nos municípios que se dedicavam ao cultivo da cana de açúcar e à atividade pecuária. Esses estudos apontam, também, a existência de muitos mocambos nesta região. Pretendemos, inclusive, realizar um trabalho com os remanescentes desses mocambos que existem, ainda, ao longo do rio Trombetas e em outros lugares do estado. A 90 km de Belém há uma comunidade negra denominada Pitimandeua, resquício de um mocambo. Com o desenvolvimento do nosso trabalho, começaram a surgir inúmeras solicitações, principalmente da parte das escolas. Diante de nossa denúncia de que a data 13 de maio não devia ser festejada, os professores se sentiam perplexos, não sabendo como proceder nessas ocasiões.

Começamos, então, a realizar uma série de palestras nas escolas a fim de discutir o negro. No início, esses contatos eram esporádicos, apenas por ocasião das datas de 13 de maio e de 20 de novembro. Porém, com o correr do tempo as solicitações se avolumaram, colocando-se, para o grupo, a necessidade de se estabelecer estratégias de como agir perante essa nova realidade. Todo esse processo engendrou uma série de preocupações e questionamentos sobre os nossos objetivos, sobre a nossa posição diante da discriminação racial, e até sobre a nossa identidade. Inclusive, fizemos uma pesquisa, utilizando-nos de uma amostra composta por 128 negros, com o objetivo de verificar onde se concentra a população negra no Pará, sua opinião e reação face à discriminação e sua posição política. O interessante é que as pessoas entrevistadas, embora negassem

---

todos os negros das duas regiões. O primeiro encontro foi realizado em João Pessoa, Paraíba, em 1981; o segundo, em Recife, Pernambuco, em 1982; o terceiro, em São Luís, Maranhão, em 1983; o quarto, em Salvador, Bahia, em 1984; o quinto, em Maceió, Alagoas, em 1985; o sexto, em Aracaju, Sergipe, em 1986; o sétimo, em Belém, Pará, no período de 09 a 12 de julho de 1987.

[3] No momento, pesquisadores da Universidade Federal do Pará estão realizando estudos sobre o negro brasileiro: Maria Angélica Motta Maués, sobre a questão racial; Rosa Elizabeth Acevedo Marin, sobre o trabalho escravo na Amazônia; e Anaíza Vergolino e Silva, sobre questões religiosas.

ter sofrido discriminações, admitiam ter presenciado atitudes discriminatórias contra outros. Há como que uma dificuldade em aceitar esse fato a nível pessoal. Entretanto, à medida que se adquire a confiança do entrevistado, percebe-se que as coisas não são bem assim, e que a pessoa já foi discriminada, já foi vítima de atitudes discriminatórias.

Os dados que coletamos ainda não foram totalmente explorados. Mas há informações importantes que merecem ser mais bem analisadas, como a questão da identidade da mulher negra, por exemplo. Notamos que o homem tem maior facilidade em se assumir como negro; já a mulher se define, mais frequentemente, como morena ou mulata, indício de que a identidade racial passa pela identidade sexual.

Nossa intenção não é só refletir melhor sobre esses dados, mas também ampliar o nosso conhecimento do ponto de vista quantitativo e qualitativo. Nesta pesquisa, nos concentramos, sobretudo, na população pertencente às camadas médias. Todos sabemos que o negro está majoritariamente representado nas camadas subalternas da sociedade. Nesse sentido, redefinimos a amostra (e também o questionário) para torná-la mais representativa da realidade da população negra. Esperamos, com este estudo, obter subsídios para elaborar estratégias a fim de atingir o negro da periferia. Como fruto do nosso empenho na procura de alternativas para realizar um trabalho mais sistemático dentro das escolas, também procuramos estreitar relações com pessoas ligadas ao ensino, como supervisores e orientadores. No decorrer desses contatos, começamos a perceber que uma das grandes falhas do sistema escolar em relação ao negro diz respeito à maneira como a história oficial o retrata. Notamos que muitos conceitos, muitas informações presentes nos livros didáticos de História, de Geografia e de Educação Moral e Cívica[4] teriam que ser modificados. Por outro lado, esses manuais omitem informações e fatos essenciais para se conhecer o negro. Começamos, então, a trabalhar na elaboração de textos alternativos, utilizando-nos de uma bibliografia que organizamos especialmente para esse fim. Contamos, também, com a cooperação do Conselho Indigenista Missionário (CIMI), órgão que se preocupa com

---

[4] Disciplina criada pelo Decreto Lei n.º 869/1968, que se tornou obrigatória no currículo escolar brasileiro a partir de 1969, caracterizada pela transmissão da ideologia do regime autoritário.

a imagem do índio nos livros didáticos. Entretanto, tendo em vista a dificuldade de acesso à bibliografia alternativa indicada nos textos, o que comprometia a sua utilização, começamos a elaborar uma cartilha alternativa para suprir essa ausência de material didático. O processo de organização e sistematização do material demandou discussões exaustivas e inúmeras modificações até se chegar à redação final.

Ainda não temos informações sobre a repercussão dessa cartilha junto ao pessoal que a tem recebido, nem mesmo junto às professoras de História de 5ª a 8ª série. O nosso próximo objetivo é tentar fazer essa avaliação, discutir e refletir sobre essa experiência. Consideramos, entretanto, que esse nosso trabalho de produção de material didático, de recuperação da história do negro, se constitui como um passo muito importante na nossa luta. Porém, o nosso trabalho não para por aí. No momento, estamos participando de um ciclo de debates que discute a disciplina Estudos Paraenses, recentemente incluída no currículo escolar. A nossa reivindicação é que essa disciplina trate, também, da questão do negro. Pretendemos, ainda, produzir outros materiais didáticos, pois as solicitações são muitas, e temos que estar preparados para atendê-las. Desenvolvemos, também, algumas atividades culturais – temos um grupo de dança e já encenamos uma peça teatral, *Face, negra face*,[5] pois percebemos que a cultura é um instrumento importante nessa luta. Estamos estreitando nossas relações com algumas entidades, como a Sociedade Paraense de Defesa dos Direitos Humanos, a Comissão dos Bairros de Belém e a Federação de Associação de Moradores. Inclusive, a peça teatral a que me referi foi montada em convênio com as duas últimas. A peça é apresentada nos centros comunitários e, após a encenação, abrimos para debate com o público. Temos aproveitado essas ocasiões para vender ou doar a nossa cartilha, tentando incentivar as pessoas a discutirem e a debaterem o seu conteúdo. São essas as experiências que estamos desenvolvendo.

Referências

CENTRO DE ESTUDOS E DEFESA DO NEGRO DO PARÁ. *Cartilha do CEDENPA*: raça negra, a luta pela liberdade. Belém: CEDENPA [S.d.].

SALES, V. *O negro no Pará*. Rio de Janeiro: Fundação Getúlio Vargas, [S.d.]. (Coleção Amazônia. Série José Veríssimo.)

---

[5] O espetáculo *Face, Negra Face* é uma criação coletiva do CEDENPA, e foi representado pelos membros da própria entidade.

Regidos pelo signo da violência: as dores do racismo e da discriminação racial[1]

> *Então, desorientado, incapaz de ser livre como o outro, o Branco, que, impiedosamente me aprisiona, eu me distanciei de meu ser, para bem longe, tornando-me um objeto. O que era para mim, senão uma separação uma extirpação, uma hemorragia que coagulava sangue negro sobre todo o meu corpo? Portanto, não queria esta consideração, está temática. "Queria apenas ser um homem entre outros homens."*
>
> FANON, 1983, p. 93

A assertiva de Fanon nos dá a real noção do quanto a alma negra é uma criação do branco, uma invenção do branco. Nessa obra, *Pele negra máscaras brancas*, Fanon compreende o que ele chama de preconceito de cor – e eu chamo de racismo – como um fenômeno superestrutural que reflete a irracionalidade da estrutura que o produz. Os estudiosos de psicanálise costumam dizer que o que Fanon procura compreender é o duplo narcisismo produzido por esse fenômeno superestrutural: o branco escravo de sua branquidade e o negro escravo de sua negrura. Mas, então, o que é o racismo? Contemporaneamente o racismo é entendido como sendo um fenômeno eminentemente não conceitual; ele deriva de fatos históricos concretos ligados a conflitos reais ocorridos na história dos povos.[2] O racismo acompanhou, durante certo tempo, um tipo de

---

[1] Texto apresentado no Grupo de Trabalho 15: Africanidades e Negros na Sociedade Amazônica durante o II Encontro da Sociedade Brasileira de Sociologia da Região Norte, realizado no período entre 13 e 15 de setembro de 2010.

[2] Psiquiatra e político, Frantz Fanon nasceu em Fort-de-France, capital da Martinica. Foi aluno de Aimé Césaire e conviveu com Sartre, Lacan e Merleau-Ponty. Fanon faleceu em 1961, vítima de leucemia. A grande característica do psiquiatra Fanon era a de que ele só concebia

nacionalismo inspirado pela ideia de império além das fronteiras da metrópole. Em antigas colônias, os racistas mostram uma espécie de nostalgia de um passado dourado em que sua primazia se mantinha inalterada; de um tempo em que eles podiam se sentir moralmente satisfeitos por levar a civilização a povos "bárbaros". Segundo Guibernau (1997, p. 100-101),

> [...] os colonizadores achavam que os povos nativos deveriam ser gratos a eles, uma vez que, de certo modo, ser explorado era um privilégio: significava estar em contato com uma cultura inequivocamente "superior". Os racistas, nesses terrenos, procuram apoiar uma estrutura de classe que os beneficie.

Visto desse ângulo, o racismo é um fenômeno que tem como um de seus suportes a crença na naturalização da superioridade do colonizador. E, em consequência, a naturalização da existência de grupos naturalmente hierarquizados. A causa da hierarquia não é fixa. Ela adquire e adquiriu várias formas ao longo do tempo. Em alguns momentos, a suposta causa se fundamentou na superioridade de uma cultura em relação a outras culturas. Em outros momentos, a causa encontra resposta na biologia, e então, as causas, superioridade cultural e superioridade biológica, se misturam, se fundem e passam a constituir um fenômeno complexo, capaz de englobar os aspectos físicos, morais, intelectuais e culturais dos grupos em situação de subalternidade.

Albert Memmi (1989) diz que o racismo é inerente ao colonialismo porque no racismo reside o princípio dos privilégios do colonialista. Por esse motivo, afirma que é significativo que o racismo faça parte de todos os colonialismos em todas as latitudes. Não é uma coincidência: o racismo resume e simboliza a relação fundamental que une colonialista e colonizado. Memmi (1989) observa, também, que o racismo não é uma doutrina constituída de teorias as quais o colonizado deve aprender. Se doutrina houver, é para o colonizador que a engendrou e que, a partir dela, passa a modelar suas ações, pois seu racismo é vivido no cotidiano.

---

o ato psiquiátrico como ato político revolucionário. Alguns, por essa razão, o consideram precursor da psiquiatria democrática alternativa. A obra *Pele negra máscaras brancas* foi apresentada na Universidade de Lyon como tese, entretanto, foi rejeitada. Não obstante, essa obra tem servido de inspiração e referência para os estudos pós-contemporâneos.

Ao lado do racismo colonial, o dos doutrinários europeus parece transparente, congelado em idéias [*sic*], à primeira vista quase sem paixão. Conjuntos de condutas, de reflexos adquiridos, exercidos desde a primeira infância, valorizado pela educação, o racismo colonial está tão espontaneamente incorporado aos gestos, às palavras, mesmo as mais banais, que parece constituir uma das mais sólidas estruturas da personalidade colonialista (MEMMI, 1989, p. 69).

A análise de Memmi (1989) da atitude racista do colonizador é rica de nuances, no sentido de mostrar que ela obedece a um sistema composto de três importantes elementos, urdidos de forma a garantir que um fato sociológico passe à dimensão de biológico ou metafísico. Em primeiro lugar, o colonizador tem que descobrir e colocar em evidência as diferenças entre ele e o colonizado. Descobertas as diferenças, valorizá-las, logicamente em seu benefício, fazendo crer que elas são parte da essência do colonizado e, por seu turno, da essência do colonizador. Isso feito, levar as diferenças ao absoluto, afirmando que são definitivas e agindo a fim de que se tornem tais, de forma a definir o exato lugar das partes envolvidas no processo. Nesse contexto, o esforço constante do colonizador consiste em explicar, justificar e manter, tanto pela palavra quanto pela conduta, o lugar e o destino do colonizado.

Logo, o fosso de separação entre o colonizador e o colonizado, fundado nas diferenças, deve ser sempre mantido, de modo que o colonizado nunca possa sequer aspirar passar para o clã do colonizador. Isso significa que, por mais que se esforce, jamais poderá deixar de pertencer ao seu grupo e passar para o outro grupo. Mesmo com todo esforço, o máximo permitido ao colonizado é que ele seja apenas um simulacro do colonizador. E a arma a impedir-lhe a passagem é o racismo. Portanto, o racismo não é um pormenor mais ou menos acidental; ao contrário, é um elemento consubstancial do colonialismo (BALANDIER, 1976).

Georges Balandier (1976), ao analisar a situação colonial, observa que o contato entre as civilizações acontece em uma perspectiva globalizante, de forma que o dominador passe a ter domínio dos diferentes níveis da realidade: social, econômico, político, cultural e até mesmo psíquico. Melhor dizendo, o dominador tenta alcançar as manifestações mais profundas do dominado, inclusive as que engendram a personalidade do colonizado. É nesse contexto que se deve entender o racismo como um elemento consubstancial do colonialismo, pois, conforme aponta Balandier (1976), é através do racismo que o domínio colonial se expressa. Nessa linha de raciocínio, o racismo, ao longo do tempo, tem adquirido várias formas e só pode ser explicado se analisado dentro de um determinado contexto histórico. O racismo, portanto, é um discurso ideológico com base na exclusão de certos grupos por causa da constituição biológica ou cultural desses grupos. Uma das grandes especificidades do racismo consiste em sua insistência constante em afirmar que uma diferença significa uma avaliação negativa do "outro". Isto é, uma recusa enfática a qualquer tendência de vê-lo como "um igual" (BALANDIER, 1976, p. 147).

O racismo faz uso dos estereótipos que atribuem superioridade a um grupo e, por consequência, inferioridade ao "outro". Por sua vez, os estereótipos constituem alicerces para a construção do preconceito racial, base da discriminação racial. O racismo contribui para que aquilo que é apresentado como distinção precisa entre as pessoas classificadas se transforme em uma série de características positivas ou negativas que dependem da "raça".Com efeito, além de operar desigualdades sociais, o racismo cumpre funções mais amplas de dominação como ideologia de hegemonia ocidental que transmite e reproduz o processo de desumanização dos povos dominados. Essa ideologia atua por meio de representações sociais em nível do subconsciente ou do imaginário social. Não precisa ser explicitada em linguagem direta, pois se instala, mediante o processo de socialização, na representação do real internalizada pelos indivíduos. As dimensões simbólicas das representações que permeiam a educação e a cultura, e os efeitos psicológicos que estas operam sobre negros e brancos, são inseparáveis e constitutivas do racismo e revelam-se parte integrante dos mecanismos de discriminação nas relações sociais (NASCIMENTO, 2003). Um dos papéis fundamentais do racismo tem sido negar a participação social, política e econômica a determinados grupos e tornar legítimas as diversas formas de exploração. O racismo está incrustado em relações de poder. Consiste na capacidade construída de um grupo em formular uma ideologia que não apenas torne legítima uma determinada relação de poder, mas que funcione também como um mecanismo capaz de reproduzir essa relação. Ellis Cashmore *et al.* (2000), no *Dicionário das relações étnicas e raciais*, definem o racismo moderno como a combinação do preconceito com o poder e, para eles, o preconceito reflete uma "atitude mental inflexível para com certos grupos, baseada em imagens estereotipadas, duvidosas e possivelmente distorcidas" (Cashmore *et al.* 2000, p. 55).

Kabengele Munanga, em palestra proferida em julho de 2006, na II Conferência de Intelectuais da África e da Diáspora (II CIAD), diz que "o preconceito racial é o coração do racismo". Levando-se em conta as atitudes racistas, o poder possui grande importância, e é capaz, também, de desempenhar vários papéis. O primeiro deles é o papel do poder no discurso racista. Esse poder é epistemologicamente exercido nas práticas de nomear e avaliar as vítimas do racismo. Nomeia e avalia quem possui o poder. Ao grupo ou aos grupos desempoderados não cabe outra escolha, a não ser aceitar de forma passiva.

O segundo é o papel conforme o qual as consequências sociopolíticas do racismo são submetidas ao poder possuído pelos racistas. A título de exemplo: uma pessoa pode considerar toda a sua vizinhança inferior, mas se essa pessoa não possuir poder, sua opinião racista será limitada, e os vizinhos não sofrerão maiores consequências. Isso significa que não existe racismo desvinculado das relações de poder. O racismo se constitui, hoje, em uma resposta engendrada a serviço de modernas ideologias de dominação e exclusão no interior do sistema capitalista de produção e seus desdobramentos. Nesse exemplo utilizado, as relações acontecem na dimensão subjetiva, dimensão em que atua o preconceito. Para que o processo do racismo se torne completo, as relações devem atuar em duas dimensões: a subjetiva e a objetiva. Esta sim, na esfera do concreto, é a dimensão em que atua a discriminação. Portanto, para que se combata o racismo, há que se pensar em estratégias para a construção de um contradiscurso eficaz, capaz de efetivar esse combate e eliminar as ações discriminatórias. Esse contradiscurso não deve atuar apenas no campo da retórica, mas concretamente operar ações que mudem o quadro de prejuízos das vítimas do racismo.

Foucault (1999) assinala, em sua obra *Em defesa da sociedade*, que o racismo é algo capaz de proliferar secularmente, algo que se enrosca na engrenagem estatal e, no limite, transforma em inimigos, capazes de ameaçar a hegemonia, e até a soberania do Estado, aqueles que estão dentro da sociedade. Nessa lógica, os inimigos que atentam contra a ordem e a soberania não são mais os de fora, e sim os de dentro. Ainda para Foucault (1999), o racismo é o modo pelo qual o poder do Estado decide quem deve viver e quem deve morrer, é a maneira mais eficaz de produzir o desequilíbrio entre os grupos de uma população. Nessa linha, o racismo exacerba as diferenças, exerce a violência e mutila socialmente o cidadão.

Para Foucault (1999), a primeira função do racismo é representada pela fragmentação, pelo controle e pela gestão. A segunda função (extrema) é aquela que permite ao Estado estabelecer uma relação positiva até mesmo diante da mais extrema das ações, que é a morte. O desaparecimento do "outro". "Quanto faças morrer, deixes morrer, tanto mais por isso viverás" (FOUCAULT, 1999, p. 305). A morte do "outro", do ponto de vista individual, representa a minha segurança pessoal, e, do ponto de vista coletivo, representa a liberdade do Estado em relação à ameaça. Dessa perspectiva, a morte do "outro", muitas vezes simbólica, representa a saúde social do grupo privilegiado. A partir dessa lógica, a cidadania passa pelo controle do corpo social, estabelecendo uma nova forma de poder que Foucault (1999) denomina de "biopoder". O terceiro papel do racismo é aquele que faz com que, em uma sociedade, o grupo que detém o poder imponha uma visão de mundo a partir da ótica racista. A sociedade em questão se torna dividida entre grupos minoritários e grupos majoritários.

De acordo com o *Dicionário de política* de Bobbio, Matteucci e Pasquino (1998), os grupos considerados minoritários não são necessariamente menores do ponto de vista numérico, mas são aqueles que enfrentam o preconceito e o tratamento desigual por serem vistos como inferiores em algum aspecto. "Minoria", portanto, reflete uma relativa ausência de poder. Ao contrário, o "grupo majoritário" possui o poder político, econômico e ideológico. A sua cultura é considerada "a cultura natural" de toda a sociedade, e sua língua é a que domina a esfera privada e pública. A posição de privilégio de um grupo provém, quase sempre, de seu acesso ao poder da máquina do Estado. Por sua vez, o poder do Estado pode se manifestar de diversas maneiras, que vão desde o que se pode chamar de "definição racial" até o controle das oportunidades de emprego, educação, habitação, etc. O Estado tem poder fundamental tanto no alívio quanto no aumento das dificuldades das vítimas do racismo.

É por esse motivo que os Estados são instados nos acordos, pactos e convenções internacionais que têm a função de combater o racismo e a discriminação racial. Entretanto, aqui pretendo recuperar a perspectiva de Foucault (1999), ou seja, a de que, em Estados racistas, a construção de cidadania das vítimas do racismo passa pelo controle do corpo social, estabelecendo o biopoder.

Roger Bastide (1974, p. 26) assinala que "os navios negreiros transportavam a bordo não somente homens, mulheres e crianças, mas ainda seus deuses, suas crenças e seu folclore". Eu diria que transportavam muito mais: valores civilizatórios, visões de mundo, memórias, ritmos, cantos, danças, dúvidas existenciais, alteridades linguísticas; enfim, suas histórias e culturas. Aqui faço uma breve digressão para lembrar que os navios negreiros transportavam os africanos sequestrados em seu continente e levados para o continente americano na condição de escravos. Portanto, refiro-me ao tráfico transatlântico. Pepetela (2009, p.100), um escritor angolano, em um de seus romances diz: "Sabem o que é sentirem-se apagados, escorraçados da história? Talvez não saibam, poucos, hoje, em dia viveram as experiências de colonizados ou de escravos, que significa exatamente a não existência, o terem sido de repente apagados do mundo, da vida, da memória, transmutados em não-seres-humanos".

Com efeito, esse arsenal que atravessou o oceano foi de fundamental importância para que os africanos pudessem se reconstituir e agir contra a opressão. E agiram – como agiram! As ações são diversas. Entre elas, suicídios daqueles que, capturados e sem condições de engendrar uma ação coletiva, utilizam o poder que lhes resta: a vida. Na verdade, digo que o suicida, diante de uma situação-limite, fez uso do único bem de que podia dispor: o próprio corpo. Segundo Roger Bastide (1974, p. 46), o suicídio é a resistência dos fracos, que se fundamentava em uma concepção religiosa – "a ideia de que depois da morte a alma voltaria ao país dos antepassados". Entretanto, do meu ponto de vista, os suicídios, embora conduta de alguns, se constituíram em uma ação que, mesmo como escolha individual, reagiu ao ordenamento imposto pelo colonizador europeu. Para além do suicídio, outras ações no âmbito individual aconteceram, como abortos voluntários das mulheres que, visando poupar seus filhos da escravidão, decidiam por evitar que nascessem a fim de não contribuir com o aumento das posses dos senhores.

Roger Bastide (1974) registra os envenenamentos dos senhores nos ambientes domésticos. Essa ação é peculiar aos que podem manusear os alimentos, tarefa provavelmente desempenhada por mulheres. Aos poucos, as ações individuais foram transformando-se em ações coletivas. Para que isso acontecesse, foi necessário certo tempo para que os africanos pudessem se reintegrar ao novo espaço e tomar consciência de si, do seu grupo e da condição de escravizado.

Creio que Bastide (1974) considerou o suicídio como resistência dos fracos pelo fato de ver esse ato a partir de uma ótica judaico-cristã. No que diz respeito às ações de âmbito individual, entendo que elas inauguram um processo jamais interrompido desde então: a utilização do corpo e da cultura como instrumentos de resistência. Daquele momento em diante, a cultura e o corpo passam a exercer papel importante no processo de construção de identidades dos africanos em condição de subalternidade. O que pretendo dizer aqui é que o corpo do africano e o corpo de seus descendentes, para o bem ou para o mal, sempre vêm à cena, se põem e se expõem, transformam-se em texto no discurso que enuncia e anuncia. Em suma, um corpo que fala.

Em outras palavras, é esse corpo que, estigmatizado pelo racismo, será a marca da discriminação, exposto aos castigos, aos trabalhos forçados e a toda forma de exploração. Por outro lado, esse mesmo corpo virá a ser instrumento de afirmação de identidades *no embate com os opressores em um processo de tomada de consciência* e, também, é esse mesmo corpo que poderá ser objeto de repulsa em um processo de autonegação. Ao falar do binômio autoafirmação e autonegação, estou me referindo às gramáticas corporais construídas a partir da inter-relação com o outro em circunstâncias de tensão.

O corpo que se autoafirma é o corpo que agride o corpo padrão dominante em todos os aspectos, desde o campo estético até o campo político propriamente dito. É um corpo capaz de subverter o corpo padrão dominante. Por seu turno, o corpo que se autonega é o corpo que busca se expressar por meio de uma gramática corporal subsumida que tenta se aproximar do corpo padrão dominante.

Nesse particular, cito, no primeiro caso, o Rastafarismo e o *Black is Beautiful*; no segundo, todos os corpos que se autonegam. Aqui, me lembro do desabafo de Frantz Fanon (1983) quando ele assinala haver elaborado, sob o seu esquema corporal, um esquema histórico racial. Contudo, para a elaboração desse esquema, tomou por empréstimo tudo aquilo que o outro, o branco, havia construído para ele: "Mil detalhes, anedotas, contos. [...] lendas, histórias, a história e, sobretudo, a historicidade".

Fanon (1983) refere que se descobre como corpo marcado quando apontado por uma criança branca: "Mamãe, um negro, tenho medo! Medo! Medo! Começavam a ter medo de mim". Naquele momento, Fanon (1983, p. 92-93) percebeu que o seu corpo não era mais apenas o seu corpo. Era o "esquema corporal, atingido em vários pontos". O seu corpo em três pessoas. Ele era ao mesmo tempo responsável pelo seu corpo, pela sua raça e pelos seus ancestrais. "Eu existia em triplo" (FANON, 1983, p. 105).

O corpo, portanto, na perspectiva apontada por Frantz Fanon (1983), há que ser entendido como instrumento portador de *estruturas significantes e de estruturas de significados*, e seu gesto-signo deverá ser lido de acordo com o âmbito social no qual se instaura. Dito de outra forma, muito da *estrutura de significantes e da estrutura de significados* do *corpo negro* foi atribuído pelo *branco*.

A antropologia já foi capaz de mostrar que o corpo é afetado pela religião, pelo grupo familiar, pelas classes sociais, enfim, por todos os intervenientes sociais e culturais, incluso nesses intervenientes o racismo antinegro. É assim que o corpo vai sendo moldado por tudo o que o cerca em seu entorno. A sociedade projeta nele a fisionomia do seu próprio espírito, pois, como comenta Jorge Glusberg (2005, p. 56), o "corpo é uma matéria moldada pelo mundo externo, pelos padrões sociais e culturais, e não a fonte, a origem de seus comportamentos". O corpo não está apenas lançado no espaço contextual, ele interage, interferindo e sendo interferido pelo contexto. É dessa forma que ele se constitui enquanto corpo. Desse ponto de vista, o corpo é social e individual. Uma espécie de composto que vive em equilíbrio dinâmico entre essas duas forças. E, exatamente pelo fato de o corpo ser individual e social, ele é capaz de expressar, metaforicamente, princípios estruturais da vida coletiva.

Com efeito, em uma sociedade racista de hegemonia branca na qual a branquidade é valor que transcende o próprio branco, os negros pagam o preço do massacre dramático de suas identidades, pois à medida que o branco é o modelo de identificação e o negro é o outro aprisionado pela marca que lhe foi imposta pelo domínio da branquidade, a recuperação das identidades negadas será sempre um processo sofrido, pois o indivíduo negro terá sempre que enfrentar a "dor da cor" ou a "dor da raça".[3]

Referências

AMADOR DE DEUS, Zélia. *Os herdeiros de Ananse*: movimento negro, ações afirmativas, cotas para negro na universidade. 2008. Tese (Doutorado em Antropologia) – Programa de Pós-Graduação em Ciências Sociais, Universidade Federal do Pará, Belém, 2008.

BALANDIER, G. *As dinâmicas sociais*: sentido e poder. Tradução de Gisela Stock e Hélio de Souza. São Paulo; Rio de Janeiro: DIFEL/ Difusão Editorial S. A., 1976.

BASTIDE, R. *As Américas negras*: as civilizações africanas no novo mundo. Tradução de Edmundo de Oliveira e Oliveira. São Paulo: DIFEL; Editora da Universidade de São Paulo, 1974.

BOBBIO, N.; MATTEUCCI, N.; PASQUINO, G. *Dicionário de política*. Brasília: Editora Universidade de Brasília, 1998. v. II.

CASHMORE, E. *et al. Dicionário de relações étnicas e raciais*. Tradução de Dinah Kleve. São Paulo: Summus, 2000.

CARONE, I.; BENTO, M. A. S. (Org.). *Estudos sobre a branquitude e branqueamento no Brasil*. Petrópolis: Vozes, 2002.

FANON, F. *Pele negra máscaras brancas*. Outra gente. Salvador: Editora Fator, 1983.

FOUCAULT, M. *Em defesa da sociedade*: curso no Collège de France (1975 – 1976). São Paulo: Martins Fontes, 1999.

GLUSBERG, J. *A arte da performance*. São Paulo: Perspectiva, 2005.

GUIBERNAU, M. *Nacionalismos*: o estado nacional e o nacionalismo no século XX. Tradução de Mauro Gama e Claudia Martinelli Gama. Rio de Janeiro: Jorge Zahar Ed., 1997.

MEMMI, A. *Retrato do colonizado precedido pelo retrato do colonizador*. Rio de Janeiro: Editora Paz e Terra, 1989.

MUNANGA, K. *Palestra*. Mesa Redonda – Ações Afirmativas. In: CONFERÊNCIA DE INTELECTUAIS DA ÁFRICA E DA AFRO-DIÁSPORA (CIAD), 2., 2006, Salvador. *Anais eletrônicos....* Salvador: Centro de Convenções de Salvador, 2006. Disponível em: <https://bit.ly/38MH3ZO>. Acesso em: 14 fev. 2010.

NASCIMENTO, E. L. do. *O sortilégio da cor*: identidade raça e gênero no Brasil. São Paulo: Summus, 2003.

PEPETELA. *O planalto e a estepe*. São Paulo: Leya, 2009.

---

[3] Expressões utilizadas pelo Professor Doutor Hélio Santos, intelectual e ativista negro do estado de São Paulo.

O corpo negro como marca identitária na diáspora africana[1]

Este artigo trata da diáspora africana nas Américas. Para falar desse assunto, utilizarei a metáfora de Ananse, a aranha que foi capaz de tecer uma grande teia e conseguir o baú de histórias das mãos de Kwame, permitindo que tivéssemos histórias. Ananse, a deusa, acompanhou seus filhos espalhados pelo mundo. O mito de Ananse, originário da cultura dos povos Fanti-Ashanti, da região do Benin, na África Ocidental, se espalhou, se renovou e se renova em diversos lugares das Américas. Ananse, com suas teias e suas histórias, acompanhou seus filhos na afrodiáspora.

Os africanos que atravessaram para as Américas na condição de escravos foram destituídos de tudo, inclusive de sua humanidade, ao serem transformados em mercadorias, "coisificados". Neles, o colonizador imprimiu o código dos europeus, e deles se apossou na condição de proprietário, senhor.

Contudo, os africanos que cruzaram os oceanos não vieram sozinhos. Trouxeram consigo suas divindades, visões do mundo, alteridades – linguística, artística, étnica, religiosa –, diferentes formas de organização social e diferentes modos de simbolização do real. Entre as divindades que os acompanhou, veio Ananse. Como sabemos, a afrodiáspora no continente americano decorre do processo do colonialismo europeu e, em particular, do tráfico transatlântico e do sistema de escravidão.

Entretanto, uma vez instalados em quaisquer dos continentes, por mais que suas tradições fossem represadas ou aniquiladas pela cultura

---

[1] Artigo apresentado durante o XI Congresso Luso-Afro-Brasileiro de Ciências Sociais, com o tema Diversidade e (Des)igualdades, no período de 7 a 10 de agosto de 2011, na Universidade Federal da Bahia (UFBA).

hegemônica, os descendentes de africanos davam início a um processo de criação, invenção e recriação da memória cultural para preservação dos laços mínimos de identidade, cooperação e solidariedade. Nessa rede de interação, as múltiplas culturas africanas que se espalharam pelo mundo preservaram marcas visíveis dos traços africanos. Marcas que exerceram importância fundamental na realização da reconstrução pessoal e coletiva desses africanos e de seus descendentes.

No que diz respeito à diáspora africana no continente americano, como já apontado, ela decorre do processo do colonialismo europeu e, em particular, do tráfico transatlântico e do sistema de escravidão.

Roger Bastide, em *As Américas Negras* (1974, p. 16), já percebe a presença da aranha Ananse – também conhecida como Miss Nancy – nas histórias ao tentar elaborar o que irá chamar de um primeiro mapa da América negra e das civilizações africanas predominantes, embora ressalte que seu mapa não corresponde a uma predominância de tal ou qual etnia. Observa, entretanto, a origem da divindade, incluindo-a entre os vestígios de africanismos legados à América pela cultura Fanti-Ashanti. Em que pese a impossibilidade do estudioso, isso não se constituiu impedimento para que a presença da divindade pudesse ser capaz de exercer sua força agregadora para forjar e criar novos laços de parentescos, elaborar trocas e recriar mitos de origem que contribuíssem para o fortalecimento daqueles homens e mulheres que, devidamente fortalecidos, seriam capazes construir utopias de liberdade. É provável que, em um primeiro momento, o mito de origem tenha sido a *terra do antes*, o lugar de onde os africanos foram arrancados. A África que fora perdida. Melhor dizendo, os mitos de origens serão construídos a partir de referenciais de perdas, trocas e simbioses.

Os historiadores Eduardo Silva e João José Reis, na obra *Negociação e conflito* (1989), assinalam que as ações dos escravizados criaram um processo constante de negociações. Isso quer dizer que as ações não são vazias de significados, e que cada uma delas forma um conjunto, um bloco que, mesmo com aparência de dispersão, há que ser entendido, em um contexto macro, como respostas concretas a uma situação adversa. São nessas ações, cotidianas ou não, que os africanos, em um processo constante de criação e recriação, vão deixando fluir saberes, mundos particulares, universos simbólicos, dores e angústias existenciais. E ainda mais. São essas ações, aparentemente esvaziadas de sentido, que pouco a pouco vão sedimentando o terreno das ações coletivas, capazes de abalar, em algum nível, o regime e forçar a negociação.

Em que pese o fato de a obra de João José Reis e Eduardo Silva tratar da resistência negra no Brasil, a resistência não é peculiaridade brasileira. Acontece em todo o continente americano. Roger Bastide (1974) observa as inúmeras revoltas que ocorreram nas Américas: "Em 1552, 1679, 1691, no Haiti; em 1523, 1537, 1548, em São Domingos; em 1649, 1674, 1692, 1702, 1773, nas diversas Antilhas inglesas". Citando Aptheker, Bastide (1974) faz referência a revoltas acontecidas nos Estados Unidos: 6 entre 1676 e 1700, 50 no século XVIII, 55 entre 1800 e 1864. Em Porto Rico, em 1822, 1826, 1834 e 1848. Na Martinica, em 1811, 1822, 1823, 1831 e 1833, ao mesmo tempo que na Jamaica, em 1831 e 1832. Enfim, a lista é numerosa.

Jaime Arocha (1999), antropólogo colombiano, diz que a história de Ananse faz parte do que ele chama de "vestígios de africanismo". Em sua análise, ele aponta alguns desses vestígios trazidos pelos africanos escravizados para as Américas, estando Ananse entre eles. Tais vestígios exerceram importância fundamental na reconstrução pessoal e coletiva desses africanos e de seus descendentes. É provável que, no processo da diáspora forçada vivido pelos africanos, a memória coletiva dos diversos grupos tenha sido posta em jogo na luta das forças sociais pelo poder. Segundo Le Goff (1996, p. 246), os dominadores tornam-se senhores da memória e do esquecimento. "Os esquecimentos e os silêncios da história são reveladores desses mecanismos de manipulação da memória coletiva." Entretanto, o processo da reelaboração da memória faz intervir não só na ordenação desses vestígios, mas também em suas releituras.

Essas releituras, na maioria dos países do continente americano, estão presentes na cultura popular e são vistas como *folclore*, pois não é possível apagar memórias e eliminar culturas senão ao preço da destruição física daqueles que são seus portadores. Cultura é aqui entendida como o processo que permite ao ser humano compreender sua experiência no mundo e conferir sentido à sua existência. Portanto, ainda que em fragmentos, nos interstícios da cultura do senhor, as culturas dos africanos escravizados, de alguma forma, resistiram, persistiram e realizaram processos incessantes de trocas, fusões e ressignificações. Esses processos não ocorrem em uma via de mão única, mas sempre em uma via de duas mãos.

Nessa perspectiva, entre os inúmeros vestígios de africanidades, destaco o corpo negro como marca na diáspora utilizando a metáfora de Ananse para que a laboriosa aranha-deusa me ajude a puxar e tecer os fios que irão compor uma versão do corpo negro como marca identitária. Nesse processo de fusões e ressignificações, o corpo dos africanos e de seus descendentes sempre teve uma importância muito grande, tanto para ser negado quanto para ser afirmado. Se você quer afirmar sua negritude, o corpo está presente, reafirmando. Se você quer negá-la, é esse mesmo corpo que você tenta subverter e fazer com que se aproxime do corpo branco padrão. Para falar do corpo negro como marca identitária, não se pode perder de vista que esse corpo porta consigo o baú de histórias de Ananse. É um corpo que sempre terá uma tarefa coletiva, que fala por si, mas que também fala por uma raça e pela ancestralidade.

Por isso, do ponto de vista de observar no corpo essa importância significativa, os corpos dos africanos da afrodiáspora têm sempre que ser lidos no campo da performance, sobretudo no campo da performance ritualística, com tudo o que o ritual traz consigo de recortes da memória trazida pelos africanos. O corpo negro carrega consigo a história de muitos povos. No corpo de cada um de nós, onde quer que estejamos, existem muitas histórias gravadas, que podem ser tanto de negação quanto de luta, de resistência, o que nos incumbe de uma grande responsabilidade, porque não é só a nossa história individual que estamos construindo.

Frantz Fanon (1983) assinala que, ao refletir sobre seu corpo, percebeu que ele continha um esquema corporal propriamente dito, mas também um esquema histórico racial

Quero dizer com isso que um corpo intocado não passa de um objeto amorfo que pode ser associado à animalidade. Assim, parece imperioso alterá-lo, "segundo os padrões culturalmente estabelecidos, para afirmação de uma identidade grupal específica" (QUEIROZ; OTTA, 1999, p. 21).

É dessa forma que o corpo vai sendo moldado por tudo o que o cerca. Marcel Mauss, em seu texto *As técnicas corporais em sociologia e antropologia,* ao refletir sobre o corpo, tentava entender as formas pelas quais os seres humanos, seja em qual sociedade for, de forma tradicional, lançam mão de seus corpos sem perder de vista que cada sociedade possui hábitos que lhes são próprios. Mauss (1974, p. 218) se dá conta das inúmeras "técnicas corporais", melhor dizendo, "de atos montados, e montados no indivíduo não simplesmente por ele mesmo, mas por toda a sua educação, por toda a sociedade da qual ele faz parte, no lugar que ele nela ocupa".

Ainda conforme Mauss (1974, p. 217), cada técnica constitui um ato específico e tradicional, e não pode haver transmissão por meio da educação se isso não fizer parte da tradição. "É nisso que o homem se distingue sobretudo dos animais: pela transmissão de suas técnicas e muito provavelmente por sua transmissão oral."

Além disso, nos últimos tempos, o corpo e suas implicações têm sido motivo de muitos estudos e discussões. Escrever e reescrever sobre a higiene, beleza, obesidade, epiderme, presença e significado do corpo tem sido o foco de inúmeros pesquisadores, artistas e historiadores. Não obstante, o corpo negro, em sua historicidade, é pouco levado em consideração pelos estudiosos.

O ser humano está familiarizado com seu corpo e assume uma postura de proximidade com os demais corpos do grupo social em que vive. A *performance*, nesse aspecto, salienta esses movimentos e os desloca da sua normalidade, provocando, assim, um realce e um pensar sobre essa atitude.

O corpo é social e individual, expressa metaforicamente os princípios estruturais da vida coletiva. Essa estrutura somática humana abriga uma sacralidade pura e uma impura. Há, no organismo, forças controladas e forças que ignoram o controle. O corpo pode ser belo ou nojento, ser amável ou agressivo, mesmo involuntariamente. O corpo é um composto que vive em um equilíbrio dinâmico entre as duas forças, social/individual, mas, talvez, muito mais tensionado pelo aspecto individual. No caso do corpo negro, a maior tensão encontra-se no aspecto social: é o corpo marcado pelo racismo.

O corpo tem memória, tem mistérios. Ao mesmo tempo que desnuda, cobre. Através do corpo, o ser pode ser visto, julgado! Na cultura ocidental, o corpo costuma ser o grande culpado. Ele aparece, atrapalha, dói, adoece, engorda, estica, infla, murcha e envelhece. Trai, treme e trepida. Carrega a alma. Ele é o primeiro que aparece – e o último também. É o culpado do pecado. Reveste o bom homem e a boa alma. Acolhe o assassino e o psicopata. Ele age e reage.

Sally Banes (1999) propõe o termo "corpo efervescente" para denominar o que seria o grotesco de Mikhail Bakhtin, mas também atualizado no contexto dos anos 1960: o corpo aberto ao mundo, o corpo com seus limites permeáveis (entrando tudo, fazendo essa troca). Segundo Sally Banes (1999, p. 257):

> [...] Quando o corpo se torna efervescente, o corpo construído pelas regras da conduta polida é virado de dentro para fora – enfatizando a comida, a digestão, a excreção e a procriação – e de cima para baixo, acentuando o extrato mais baixo (o sexo e a excreção) acima do extrato superior (a cabeça e tudo o que ela implica). E, significativamente, o corpo efervescente e grotesco desafia o "novo cânone corporal" – o corpo singular, psicologizado, privado e fechado – do mundo moderno e pós-renascentista, de auto suficiência individual, pois fala do corpo como uma entidade histórica, assim como coletiva. A concepção grotesca do corpo é entrelaçada não somente com o tema cósmico, mas também com o tema da mudança de épocas e a renovação da cultura.

Nessa linha, o corpo negro há que ser analisado no campo da performance. No que tange à performance, seja qual for o campo de estudo, ela não consegue se desvincular de sua origem, que tem como centro o corpo em completa interação do eu, indivíduo, com o coletivo, o social. Melhor dizendo, no contexto da *performance*, o corpo social e individual expressa metaforicamente os princípios estruturais da vida coletiva. Desse modo, *performances* afirmam identidades e contam histórias, feitas de comportamentos duplamente exercidos. Ou seja, são ações que as pessoas podem treinar para desempenhar e que, também, podem repetir e ensaiar. Esse seria o conceito de comportamento *restaurado*.

O fato de as *performances* dos africanos escravizados terem sido construídas a partir de pedaços, fragmentos de comportamentos restaurados, irá fazer com que cada uma delas seja singular, na medida em que esses comportamentos podem ser recombinados em infinitas variações e em diferentes contextos. Quero dizer com isso que a "África" que chega ao continente americano não é um todo homogêneo, mas um pedaço daquele continente marcado pela heterogeneidade de culturas e etnias. Na perspectiva do corpo negro, há que se ir à busca da chave da interpretação simbólica.

Estamos na iminência de perder a semântica e a sintaxe do que pode ser um sofisticado sistema de comunicação. Estamos em uma encruzilhada! Que Exu nos mostre o caminho. Caso contrário, corremos o sério risco de perder não apenas o significante, mas a reprodução contínua de uma memória social reprimida. A liberdade dos corpos em movimento. A dança, a música, partes de uma singularidade de origem africana renegada pelo peso da cultura ocidental. Restaram fragmentos desse discurso; nos resta buscar a chave.

Paul Gilroy (2001) já adverte: a política da diáspora negra sempre envolveu a dança, a performance e a apresentação do corpo como ferramenta de expressão. Isso aconteceu porque os negros foram deixados de fora da esfera fundada na palavra. Por esse motivo, romperam a barreira com o discurso do corpo. Foram capazes de, com o corpo, criar uma nova dimensão significativa que funde ética e estética, representada na performance ritual. Nessa linha, o movimento libertário e agressivo de Exu vai "abrindo os caminhos", forjando passagem, "abrindo alas". O corpo africano em movimento. Os herdeiros de Ananse, a deusa Aranã, em ação.

No processo da diáspora, aqueles homens e mulheres que atravessaram o oceano desamparados viram rompidos os laços de linhagens que os agregava como etnias e, para não sucumbir, tiveram que elaborar diversas estratégias de sobrevivência. São homens e mulheres que, apesar de todos os entraves que lhes foram impostos, mantiveram força e inteligência suficientes para conhecer, compreender e se adaptar às terras que lhes eram estranhas. E, para tanto, não contaram com outros recursos, senão seus corpos, suas mãos, suas habilidades com o que foram capazes de criar e improvisar. Entretanto, esses homens e mulheres contaram, sobretudo, com suas memórias vivas procedentes da África. E por que não dizer que esses africanos, nessa tentativa de recuperação de si, contaram com a preciosa ajuda de Ananse? Os africanos da diáspora, auxiliados pelo poder dessa divindade, serão dotados de consciência de unidade e solidariedade.

Desse modo, cada um dos fios/ações tecidos por Ananse funda uma rede de resistência capaz de garantir não somente a sobrevivência dos africanos escravizados e mais tarde de seus descendentes, mas, para além da simples sobrevivência desprovida de tudo, uma sobrevivência fortalecida por um repositório cultural criado nas Américas. É nessa perspectiva que Ananse estará presente nos diversos lugares das Américas, unindo e reunindo os fios/ações, construindo redes de solidariedade que irão fortalecer o personagem protagonista dessa ação, a fim de que ele possa alcançar seus objetivos.

Portanto, as histórias do povo negro nas Américas se inscrevem em narrativas que incluem migrações e travessias, nas quais a vivência do sagrado, de um modo particular, constitui-se em um índice de resistência cultural e de sobrevivência étnica, política e social. "Muitas vezes, mesmo aquilo que se encontrava aparentemente oculto no momento da *travessia* é capaz de revelar-se após a travessia do Atlântico, irrompendo das profundezas da memória" (AMADOR DE DEUS, 2009). Entretanto, mesmo que tenha sido revelado por algum tempo, muitas vezes pode voltar a ser esquecido propositalmente, como estratégia de permanência. Por exemplo, algo pode ocultar-se momentaneamente para fugir da repressão, para, após passado o perigo, poder voltar a irromper com muito mais vigor. O vigor da tradição.

Referências

AMADOR DE DEUS, Zélia. *Os herdeiros de Ananse*: movimento negro, ações afirmativas, cotas para negro na universidade. 2008. Tese (Doutorado em Antropologia) – Programa de Pós-Graduação em Ciências Sociais, Universidade Federal do Pará, Belém, 2008.

AMADOR DE DEUS, Z. Performance Negra. In: FÓRUM NACIONAL DE PERFORMANCE NEGRA, 3., 2009, Salvador. *Anais....* Salvador: Bando de Teatro Olodum e Cia. dos Comuns, 2009.

AROCHA, J. *Ombligados de Ananse*: hilos ancestrales y modernos en el pacífico colombiano. Bogotá: Universidad Nacional de Colombia, 1999.

BANES, S. *Greenwich Village l963: avant-garde, performance e o corpo efervescente.* Rio de Janeiro: Rocco, 1999.

BASTIDE, R. *As Américas negras*: as civilizações africanas no novo mundo. Tradução de Edmundo de Oliveira e Oliveira. São Paulo: DIFEL; EDUSP, 1974.

BHABHA, H. *O local da cultura.* Tradução de Myriam Ávila, Eliana Lourenço de Lima Reis, Glaucia Renato Gonçalves. Belo Horizonte: Editora UFMG, 1998.

FANON, F. *Pele negra máscaras brancas.* Tradução de Adriano Caldas. Rio de Janeiro: Fator, 1983.

GILROY, P. *O atlântico negro*: modernidade e dupla consciência. Rio de Janeiro: Editora 34; UCAM; Centro de Estudos Afro-Asiáticos, 2001.

GLUSBERG, J. *A arte da performance.* São Paulo: Perspectiva, 2005.

LE GOFF, J. *História e memória.* Campinas: Editora Unicamp, 1996.

MAUSS, M. *As técnicas corporais em sociologia e antropologia.* São Paulo: EPU; EDUSP, 1974.

QUEIROZ, R.; OTTA, E. A beleza em foco: condicionantes culturais e psicobiológicos na definição da estética corporal. In: QUEIROZ, R.; OTTA, E. *O corpo do brasileiro*: estudo de estética e beleza. São Paulo: SENAC, 1999. p. 15-33.

SILVA, E.; REIS, J. J. *Negociação e conflito*: a resistência negra no Brasil escravista. São Paulo: Companhia das Letras, 1989.

Espaços africanizados do Brasil: algumas referências de resistências, sobrevivências e reinvenções

A composição desta narrativa parte da premissa de que as diversas culturas trazidas pelos africanos, quando da diáspora forçada, foram capazes de minar e disseminar africanidades em todo o território brasileiro. Nesse processo, os africanos e seus descendentes agiram sempre com muita astúcia para não deixar fenecer suas manifestações culturais, reprimidas pelo poder hegemônico que agia, e ainda age, sob a égide do racismo. O resultado desse embate se faz evidente, hoje, de norte a sul do país. A presença de espaços africanizados em território brasileiro é uma constante mesmo na região Norte, apesar do consenso popular de que esta sofreu influência apenas dos povos indígenas. Rompendo com esse senso comum em relação ao norte do país, manifestações de africanidades rasgam o tecido cultural branco que se quer hegemônico e fluem, vêm à tona, sem pedir licença ao *senhor branco*. Ao contrário, se põem e se impõem presentes nas performances culturais da região, e narram a história cultural dos africanos e de seus descendentes.

Muitas vezes, mesmo aquilo que se encontrava aparentemente oculto no momento da travessia atlântica é capaz de revelar-se após esta, irrompendo das profundezas da memória. Aquilo que irrompeu pode novamente ocultar-se por tempos, para fugir da repressão, por exemplo. Ainda assim, pode mais vezes revelar-se sem perder a sua estrutura matriz. Desse modo, abrindo fendas, brechas e frestas, pode rasgar o tecido da cultura oficial e vir à tona exercendo um papel de resistência, estabelecendo uma espécie de guerra silenciosa, porém, contínua e ininterrupta. Uma "guerra fria" que, em longo prazo, foi capaz de minar a instituição por dentro e forçar processos de negociações.

Diáspora, segundo Zegarra (2005, p. 345), "representa um tipo de agrupação social caracterizado por uma história comum de experiências e relações pessoais [...] que ainda exibe uma base comum de fatores históricos condicionados pelo sistema de ordem mundial".

A diáspora africana histórica no continente americano decorre do processo do colonialismo europeu, do tráfico transatlântico e do sistema de escravidão. As principais características que distinguem essa diáspora, como uma formação global, de outros grupos socialmente diferenciados são as seguintes experiências históricas: migração e deslocamento geossocial – a circulação da população –, opressão social – relações de dominação e subordinação –, resistência, luta e ação política e cultural.

É provável que, no processo da diáspora forçada vivido pelos africanos, a memória coletiva dos diversos grupos tenha sido posta em jogo na luta das forças sociais pelo poder.

Segundo Le Goff (1996, p. 246), os dominadores tornam-se senhores da memória e do esquecimento. "Os esquecimentos e os silêncios da história são reveladores desses mecanismos de manipulação da memória coletiva".

Entretanto, o processo de reelaboração da memória faz intervir não só na ordenação desses vestígios de africanismos, mas também em suas releituras, que, na maioria dos países do continente americano, estão presentes na cultura, mas que foram relegadas à estante do folclore e à estante da cultura popular. Mas elas, as releituras, estão presentes apesar disso, porque não é possível apagar memórias e eliminar culturas senão ao preço da destruição física daqueles que são seus portadores. A cultura é aqui entendida como processo que permite ao ser humano compreender sua experiência no mundo e conferir sentido à sua existência. Nessa rede de interação, as múltiplas culturas africanas que se espalharam pelo mundo preservaram marcas visíveis dos traços africanos.

Portanto, ainda que em fragmentos, nos interstícios da cultura do senhor, as culturas dos africanos escravizados resistiram, persistiram e realizaram processos incessantes de trocas, fusões e ressignificações. Esses processos não ocorrem em uma via de mão única, mas sempre em uma via de duas mãos. A inscrição dessas memórias caminha pelo tempo e pelo espaço constituindo um repositório que Homi Bhabha chama de "entre-lugares".

> O trabalho fronteiriço da cultura exige um encontro com "o novo" que não seja parte do *continuum* de passado e presente. Ele cria uma ideia do novo como ato insurgente de tradução cultural. Essa arte não apenas retoma o passado como causa social ou precedente estético; ela

> renova o passado, refigurando-o como um "entre-lugar" contingente, que inova e interrompe a atuação do presente. O "passado-presente" torna-se parte da necessidade, e não da nostalgia, de viver (BHABHA, 1998, p. 27, grifos do autor).

O "entre-lugar", o passado-presente misturando-se, ressignificando-se e reatualizando-se para imprimir sentido ao futuro. Essa parece ter sido a constante na vida dos africanos no processo da diáspora nas Américas, uma vez que a cultura destes foi o grande "capital social" que os ajudou em seus processos de resistência e persistência em território estrangeiro. Roger Bastide (1974, p. 26), em *Américas Negras*, assinala que "os navios negreiros transportavam a bordo não somente homens, mulheres e crianças, mas ainda seus deuses, suas crenças e seu folclore". Eu diria que transportavam muito mais: valores civilizatórios, visões de mundo, memórias, ritmos, cantos, danças, dúvidas existenciais, alteridades linguísticas; enfim, suas histórias e culturas.

Esse arsenal que atravessou o oceano foi de fundamental importância para que os africanos pudessem se reconstituir e agir contra a opressão. No caso dos africanos da diáspora, a origem está localizada, geograficamente, no continente africano. Entretanto, essa origem terá que interagir com o novo espaço geográfico desconhecido e com a nova condição imposta pelo colonizador aos africanos escravizados.

O fato de as *performances* dos africanos escravizados, na afrodiáspora, terem sido construídas de pedaços, fragmentos de comportamentos restaurados, irá fazer com que cada uma delas seja singular, na medida em que esses comportamentos podem ser recombinados em infinitas variações e em diferentes contextos. Quero dizer com isso que a "África" que chega ao continente americano não é um todo homogêneo, e sim um pedaço daquele continente marcado pela heterogeneidade de culturas e etnias. Não obstante, as ações de resistência silenciosas e tenazes fundadas na cultura e desempenhadas no cotidiano dos africanos e de seus descendentes nem sempre têm o seu grau de importância percebido pelos estudiosos. A importância é dispensada muito mais aos grandes eventos guerreiros – formação de mocambos, organização de levantes, rebeliões, insurreições, etc. –, e quase nada se dispensa às ações cotidianas, muitas de caráter coletivo, e outras de caráter individual. São as vozerias. Dessas diversas vozerias e dos diversos tambores, surgirão as manifestações culturais de origem africana nas Américas que se desenvolvem nesse processo da afrodiáspora aproveitando as brechas abertas pelo calendário festivo dos europeus.

Se caminharmos pelas Américas observando as manifestações culturais de origem africana, decerto encontraremos várias semelhanças em muitas dessas manifestações. E aí não nos cabe buscar correspondências exatas, pois todas foram forjadas em processos históricos que, se por um lado são semelhantes – condição de escravidão –, por outro envolvem, separadamente, diferentes formas de lutas e de negociações. O certo é que os africanos e seus descendentes sempre irão utilizar como instrumento de luta política fragmentos que compõem o mosaico da cultura de seus ancestrais.

Nesse particular, os africanos trazidos para as Américas, mesmo tendo sofrido a tentativa de destruição de tudo o que lhes era mais caro, foram capazes de, no continente americano, reinventar outras Áfricas. E essas outras Áfricas estão presentes em todos aqueles lugares para os quais esses africanos foram levados na condição de escravos, e estão presentes aqui entre nós, muitas vezes ressignificadas, seguindo, ao longo do tempo, um ciclo composto de três elementos: repetição, revisão e improviso. E é através desse ciclo que, creio, seremos capazes de redimensionar a cultura de modo que ela venha a ser um instrumento hábil para o posicionamento político do movimento negro. São elementos da memória coletiva pinçados para dar coerência a uma narrativa que se quer épica, gênero em que cabe o herói clássico, forte, valoroso, imbatível.

Nesse sentido, é significativa a recuperação dos quilombos como instrumento/testemunho de uma resistência que, até 1988, se encontrava "invisível" para o estado brasileiro, sob o nome genérico de "comunidades negras rurais". Em agosto de 1986, quando do congresso O negro e a Constituinte, acontecido em Brasília, o movimento negro ressignifica os históricos quilombos e consegue fazer constar na Constituição de 1988 o Artigo 68 das disposições transitórias: "Aos remanescentes das comunidades dos quilombos que estejam ocupando suas terras é reconhecida a propriedade definitiva, devendo o Estado emitir-lhes os títulos respectivos". Dito de outra forma, os quilombolas atravessam o tempo "pedagógico", destroem os "princípios constantes" da cultura nacional e invadem a cena para narrar suas histórias, emergindo da invisibilidade na qual, por séculos, protegidos por Ananse, viveram, sempre à margem da narrativa nacional. Hoje, a nação brasileira não pode mais pensar sua narrativa de nacionalidade sem considerar os quilombolas.

Aliás, quilombo, Zumbi e Palmares sempre foram elementos caros aos herdeiros de Ananse. Utopias a alimentar não apenas a luta e a resistência, mas também o sonho de construção de uma sociedade equânime em que o racismo e a discriminação racial não se fizessem presentes. Esses elementos pinçados da memória foram referência para o movimento negro na década de 1920, haja vista a criação do Centro Cívico Palmares, em 1926, em São Paulo. Correia Leite, redator de *O Clarim d'Alvorada*,[1] se refere ao objetivo do Centro Cívico Palmares da seguinte forma:

> O objetivo do Centro Cívico Palmares foi fazer aproximação do negro para uma tentativa de levantamento para acabar com aquela dispersão que havia e está havendo até hoje. O que *o Palmares* queria era que o negro se tornasse um elemento de força, de conjunto (LEITE, 1992, p. 74, grifo do autor).

Mais adiante, ressaltando o caráter de organização, é ainda Correia Leite (1992, p. 74) que afirma: "Toda preocupação era aquela: unir os negros para uma luta de reivindicação". Na década de 1930, surgiu, em São Paulo, a Frente Negra Brasileira, formada por militantes egressos do Centro Cívico Palmares. A bandeira da Frente Negra Brasileira tinha a cor verde representada por um ramo de palmeira, simbolizando a Guerra dos Palmares (LEITE, 1992).

Na mesma esteira, na década de 1940, Abdias do Nascimento criou o Teatro Experimental do Negro, cujo órgão de divulgação era o jornal *Quilombo* (1948 a 1950). Na apresentação da edição fac-similar do jornal, Abdias diz:

> Numa época em que não existia a noção de "ação afirmativa" ou de políticas públicas especificamente voltadas ao atendimento das necessidades da população afrodescendente, *Quilombo* trazia uma série de demandas nesse sentido, como de bolsas para alunos negros nas escolas secundárias e nas universidades, inclusão nas listas de partidos políticos de números significativos de candidatos negros a cargos eletivos, a valorização e o ensino de matriz cultural de origem africana.

---

[1] Jornal da imprensa negra brasileira criado em São Paulo. Circulou entre 1924 e 1932.

A Convenção Nacional do Negro havia apresentado à Assembleia Nacional Constituinte de 1946 uma série de propostas que incluíam, além desses itens, a isenção de impostos para microempresários, negros em sua maioria. (NASCIMENTO, 2003, p. 8).

Na década de 1980, o mesmo Abdias publica a obra *O quilombismo*. Nela, o referido autor afirma que sua geração de movimento negro tem a tarefa de edificar a ciência histórico- humanista do quilombismo. Para tanto, teria que mostrar à sociedade de um modo geral e, em particular, aos negros, que "quilombismo" tem que ser capaz de significar organização fraterna e livre, solidariedade e convivência; enfim, comunhão existencial.

Beatriz do Nascimento,[2] militante do movimento negro do Rio de Janeiro, no documentário feito por Raquel Gerber, Ôrí, utiliza o termo "quilombo" para se referir à resistência negra contemporânea. O dia 20 de novembro foi lançado, pelo grupo de teatro Palmares, de Porto Alegre, como data a ser celebrada pelo segmento negro brasileiro em 1971. A proposta veio da parte do poeta Oliveira Silveira. O 13 de maio não correspondia às expectativas das pessoas negras como data que pudesse ser celebrada, afinal, a abolição só havia ocorrido no papel, não resultando em nada de concreto em termos de medidas práticas na lei.

Portanto, era necessário buscar outra data. Era necessário recontar a história do Brasil. Esse não é um discurso novo. Ele está presente e persiste no dizer de lideranças do movimento negro desde a década de 1920, conforme anteriormente relatado, com a criação do Centro Cívico Palmares e, posteriormente, com a Frente Negra Brasileira. Entretanto, em que pese o fato de não ser um discurso novo, ele volta a emergir em consequência das circunstâncias da luta, e emerge, de forma ressignificada, falando pela via do símbolo metafórico.

O grupo de teatro Palmares, de Porto Alegre, fundado em 1967, vinha de experiências do Teatro Novo Floresta Aurora. Portanto, carregava consigo a tradição da hoje centenária Sociedade Floresta Aurora.[3] O grupo já encenara diversas peças, e é provável que tivesse conhecimento da montagem, feita pelo Teatro de Arena, no Rio de Janeiro, do texto

---

[2] Beatriz do Nascimento, historiadora, militante do movimento negro, foi morta em 1987.

[3] Organização do movimento negro criada em Porto Alegre há mais de cem anos. Oliveira Silveira refere que a organização surgiu por volta de 1870, 1871.

escrito por Gianfrancesco Guarnieri – *Arena conta Zumbi*, como ficou conhecida a peça, que ganhou fama não apenas pelo conteúdo questionador do espetáculo, mas também pela trilha musical de autoria de Edu Lobo, Guarnieri e Ruy Guerra. A voz de Elis Regina incumbiu-se de divulgar algumas composições.

O texto de Guarnieri e Ruy Guerra constrói o personagem Zumbi como o grande herói de uma tentativa de sociedade livre, o que respondia, naquele momento histórico, aos anseios de muitos brasileiros, na medida em que se vivia sob o peso da ditadura militar que se instalara em 1964. Zumbi e Palmares se constituíram na grande metáfora da liberdade ansiada por vozes que foram caladas à força e, portanto, só podiam se manifestar através do símbolo metafórico.

Sem perda de tempo, o poeta afro-brasileiro Oliveira Silveira (2003) assume a função de arauto de seu tempo – capaz de anunciar a boa nova. Ou melhor, assume a função de *griot*, captando a mensagem e convidando a comunidade à reflexão. Com a palavra, o poeta:

> Treze de maio traição
> Liberdade sem asas
> E fome sem pão

Oliveira Silveira (2003, p. 24), em depoimento, afirma que, embora esses versos "tenham sido escritos em 13 de maio de 1969, o crítico mais veemente da data 13 de maio e da lei Áurea era o integrante do grupo que se chamava Jorge Antônio dos Santos". E o poeta prossegue:

> O grupinho de negros se reunia costumeiramente em alguns fins de tarde na rua da Praia (oficialmente, dos Andradas), quase esquina com Marechal Floriano, em frente à Casa Masson. Eram vários esses pontos de encontro, havendo às vezes deslocamentos por alguma razão. Pontos negros (OLIVEIRA SILVEIRA, 2003, p. 24).

O poeta continua:

> Circulava na época o fascículo número seis da série Grandes Personagens da Nossa História, da Editora Abril Cultural. Essa publicação fortaleceu a ideia em Oliveira Silveira de que Palmares teria sido o momento mais marcante da História do negro no Brasil. Afinal, foram cem anos de luta contra o império colonial português (OLIVEIRA SILVEIRA, 2003, p. 24).

Oliveira Silveira (2003) afirma também que não podia se apoiar apenas no fascículo e, por esse motivo, buscou como fonte de consulta o livro *O Quilombo dos Palmares* (2011), de Edison Carneiro. Lá estava confirmado: o 20 de novembro. Agora não há mais dúvida, eis a data. O ano era 1971, e o grupo celebrou o primeiro 20 de novembro.

Colaborando para a invenção da tradição, entra em cena a palavra do historiador Décio Freitas, que acabara de chegar ao Brasil. Conforme seu próprio relato, assistiu à primeira celebração do dia 20 de novembro, realizada pelo grupo de teatro Palmares, movido por notícia na imprensa (FREITAS, 1990).

É importante ressaltar que Décio Freitas, que professava o comunismo, havia se exilado no Uruguai, em Montevidéu, por causa da ditadura militar. Durante o exílio, escreveu e publicou a obra *Palmares: la guerrilla negra*. Essa publicação, segundo relato do autor, foi editada em 1971 pela Nuestra América, em Montevidéu. Décio Freitas dizia haver presenteado o grupo de teatro Palmares com um exemplar do livro (FREITAS, 1990).

Com efeito, a obra de Décio Freitas, mais tarde, foi traduzida para o português com o título *Palmares: a guerra dos escravos*, e publicada no Brasil pelas edições Graal, do Rio de Janeiro. A obra será importante para o processo de "invenção" e "construção" da tradição sobre Zumbi e sobre o Quilombo dos Palmares e contribuirá para o processo de consolidação do Dia Nacional da Consciência Negra.

O personagem Zumbi construído por Décio Freitas (1990, p. 125) é delineado como um líder socialista. O Zumbi de Décio é um letrado. "Zumbi nasceu no começo do ano de 1655, numa das inúmeras povoações palmarinas.". Portanto, Zumbi já era nativo do território de Palmares. Décio Freitas continua: "O negrinho recém-nascido foi dado de presente ao padre português António Melo, do distrito de Porto Calvo, cujos limites marcavam a fronteira entre o povoamento luso-brasileiro e a república negra" (FREITAS, 1990, p. 125). Além de nativo de Palmares, Zumbi fora criado nos arredores do território. É provável que por isso não tenha perdido o contato com seus pares. E o perfil do herói continua a ser traçado: "Conta o padre que batizou o pretinho e lhe deu o nome de Francisco. Ensinou-o a ler e o fez seu coroinha quando contava com dez anos de idade" (FREITAS, 1990, p. 125).

É importante ressaltar que o padre não tratava Francisco como escravo, pois os negros nascidos em Palmares não eram considerados escravos. Isso, segundo Décio Freitas (1990), se explica por uma jurisprudência do Conselho Ultramarino que, mais tarde, será consolidada pelo Alvará Régio de 1682.

O padre que criou o pequeno Francisco lamenta que, ao completar quinze anos, seu coroinha, portador de "cordura perfeitamente cristã", tenha fugido para a companhia dos negros levantados de Palmares. E Décio ressalta a declaração do padre para compor o perfil letrado de Zumbi: "Engenho jamais imaginável na raça negra e que bem poucas vezes encontrei em brancos. Aos dez anos, Francisco conhecia todo o latim que há mister e crescia em português e latim muito a contento" (Freitas, 1990, p. 125).

Isso demonstra que o herói pinçado pelo poeta Oliveira Silveira (2003) está pronto para se vingar, uma vez que possui os atributos fundamentais necessários a um herói. Zumbi é corajoso, inteligente, bastante sagaz como estrategista, possui senso de sacrifício pessoal em nome do coletivo. O desenho, portanto, ressalta qualidades morais que são encarnadas pelo personagem e que, ao mesmo tempo, serão veículos de valores tradicionais que precisam ser recuperados pela população negra em seu processo de afirmação.

E, ainda mais: o herói é letrado, o que significa dizer que, além da tradição, ele também traz consigo o princípio "civilizador". Sobre isso, é José Murilo de Carvalho quem se manifesta:

> Heróis são símbolos poderosos, encarnações de ideias e aspirações, pontos de referência, fulcros de identificação coletiva, ele, o herói, terá a responsabilidade de responder a alguma necessidade ou aspiração coletiva, refletir algum tipo de personalidade ou de comportamento que corresponda a um modelo coletivamente valorizado (Carvalho, 1990, p. 55).

Pronto está o herói para a elaboração de uma nova narrativa fundante que possa se contrapor ao "mito da democracia racial". Zumbi vem servir aos anseios de vozes que há muito falavam à margem, pois a busca de uma afirmação de ser negro sempre existiu no Brasil, como vem comprovando a moderna historiografia, que, pondo em xeque uma visão tradicionalista, se dispõe a rever o ponto de vista que propaga uma imagem de submissão. É nesse processo de revisão histórica que se comprova a existência de rebeliões e movimentos de resistência capazes de serem comparados com o que aconteceu no Caribe, particularmente no Haiti, em 1804, quando os negros escravizados organizaram uma rebelião e, pela força das armas, tomaram o poder, conseguindo sua libertação e a independência do país.

O processo de revisão da historiografia brasileira recupera um histórico de rebeliões dos escravizados e de participação dos negros em todas as insurreições acontecidas no Segundo Reinado. É natural que, a partir de então, se pensasse em uma matriz fundante que pudesse servir de símbolo para mais uma etapa, na qual a imagem da "cordialidade" não será mais suficiente. O personagem Zumbi, "a fúria sagrada", portanto, se contrapõe tanto aos protótipos do "negro pacífico" e "da submissão conformada" presentes no imaginário brasileiro como à figura da "mãe preta" ou do "pai João".

Se o perfil de Zumbi desenhado por Décio Freitas (1990) é o de um líder "letrado", racional – aquele chefe que comanda tendo antes pensado e elaborado as estratégias e táticas necessárias à sobrevivência da sociedade palmarina –, o Quilombo dos Palmares é pintado por ele como uma república socialista baseada na cooperação e na solidariedade:

> Nas comunidades negras reinava uma fartura que oferecia um vivo contraste com a perene miséria alimentar das populações do litoral. A abundância de mão de obra, o trabalho cooperativo e a solidariedade social haviam aumentado extraordinariamente a produção (Freitas, 1990, p. 73).

Décio diz: "Era uma república peculiar a que não se poderiam aplicar conceitos históricos ou políticos de inspiração europeia" (Freitas, 1990, p. 104). E continua em um outro trecho: "Palmares foi a manifestação mais eloquente do discurso antiescravista dos negros brasileiros nos quase três séculos da escravidão" (Freitas, 1990, p. 210). Ainda sobre o território de Palmares, o historiador Flávio Gomes (2005) também esboça um desenho:

> *Palmares* foi um mundo de faces africanas reinventado no Brasil pelos *palmaristas* – africanos de grupos de procedências étnicas diversas, além daqueles nascidos lá –, os quais forjaram espaços sociais próprios e originais. Recriaram culturas, religiões e organizaram-se militar-

mente para combater invasores. Estabeleceram igualmente práticas econômicas para garantir a sobrevivência. Foi a criação deste mundo (como possibilidade) que assustou sobremaneira a Coroa portuguesa. Ao findar o primeiro quartel do século XVII, os habitantes de *Palmares* já eram milhares. Não somente a fuga fazia crescer aqueles mocambos. As primeiras gerações de *Palmaristas* começavam a nascer (GOMES, 2005, p. 73, grifos do autor).

Com efeito, o Quilombo dos Palmares, após a visão de Décio Freitas (1990), passa por um processo de ressignificação. Deixa de ser simplesmente um quilombo na estrita acepção colonial. Na acepção colonial do Conselho Ultramarino, quilombo é "toda habitação de negros fugidos, que passem de cinco, em parte despovoada, ainda que não tenham nele ranchos levantados e nem se achem pilões nele" (CONSELHO ULTRAMARINO, 1740 *apud* ALFREDO, 2000, p. 163).

Nesse sentido, Palmares, após Décio Freitas (1990), rompe com essa acepção e se transforma em uma república socialista forte que, paralela ao Império colonial, persistiu por mais de um século. Palmares, então, passa a ser o reencontro do sonho perdido de uma sociedade forjada na luta e na qual, decerto, poderia haver prevalecido a verdadeira democracia racial.

A figura de Zumbi, da forma como foi tratada pelo movimento negro contemporâneo, não pode ser analisada fora dos prismas da "nação" e das culturas nacionais. Por esse motivo, trago à cena Stuart Hall (2003):

> As culturas nacionais são compostas não apenas de instituições culturais, mas também de símbolos e representações. Uma cultura nacional é um discurso, um modo de construir sentidos que influencia e organiza nossas ações quanto à concepção que temos de nós mesmos (HALL, 2003, p. 50).

Se uma cultura nacional é um discurso construído, discursos paralelos podem surgir elaborados por grupos que, por uma razão ou outra, não foram contemplados pelo discurso "oficial" da suposta cultura nacional. E é exatamente nesse jogo de contrastes e oposições que são forjadas as identidades. Dessa forma, o mesmo personagem pode ser alvo de representações inversas daquilo que se quer ou se pretende expressar, seja por grupos que contestam a imagem ou personagem "oficial", seja por grupos que, de uma forma ou de outra, pretendem firmar e afirmar sua singularidade, livrando-se das tramas do tecido homogêneo que os sufoca, buscando construir sua própria identidade.

Vista por esse ângulo, a luta de um grupo pelo reconhecimento de um personagem que "viajou" ao longo do tempo pelas "bordas" da narrativa histórica do país não deve ser entendida como uma atitude retrógrada que ameace a ordem daquilo que foi construído e nos é apresentado como narrativa pedagógica de uma nação. Pelo contrário, essa luta se constitui em um elemento fundamental para a construção e formação de identidade própria e coletiva do dito grupo. Desse ponto de vista, pode-se perguntar: que personagem é esse apresentado e revelado à nação brasileira? Um personagem que não apenas é apresentado, mas que insiste em ser incluído e fazer parte do discurso da cultura nacional, do discurso oficial?

Para nos ajudar a entender melhor a questão que se pôs, peço auxílio do conceito de "dissemi(nação)" articulado por Homi Bhabha (1998). O conceito de "dissemi(nação)" responde à necessidade de se ler a nação com todas as suas diferenças culturais. O termo "disseminação" se refere simbolicamente à ideia de dois tempos históricos existentes em um projeto da construção da narrativa ideológica nacional de qualquer país. Para Bhabha (1998), é necessário reconhecer a existência de dois níveis temporais que fazem parte da imaginação e da narrativização ideológica de uma nação, ou seja, daquele espaço em que se "escreve a nação". Isso quer dizer que a nação não pode ser lida apenas horizontalmente, como metáfora de uma paisagem nacional, o que equivaleria à existência de uma identidade coesa e homogênea que anularia as diferenças. A nação também deve ser lida em sua temporalidade disjuntiva, ambivalente e produtiva que manifesta a diferença ou as diferenças culturais, muitas vezes provenientes de grupos subalternos exigindo a valorização de seus papéis como participantes ativos da mesma nação.

O primeiro tempo, o mais tradicional, aquele que articula a temporalidade linear, contínua e cumulativa, é chamado por Bhabha (1998, p. 222) de tempo "pedagógico"; o segundo, "performativo". O tempo pedagógico "é uma forma de tempo homogêneo e vazio", é o tempo já referido por Walter Benjamin em "Experiência e história" (1992). O tempo performativo é a forma de tempo das intersecções, das transversalidades, é o tempo pelo qual caminham as histórias "subterrâneas". "É o tempo que interrompe o tempo autogerador da produção nacional e desestabiliza o significado do povo como homogêneo" (BHABHA, 1998, p. 209). Esses tempos são sempre articulados de forma agonística, caminham em estado de constante tensão.

Desse ponto de vista, é a valorização do tempo "performativo" que conduz à inscrição da subjetividade dos diversos "povos" que constituem uma nação. É por essa valorização do tempo "performativo" que se pode ouvir as "vozes" das consideradas minorias marginalizadas. Dessa forma, no dizer de Homi Bhabha (1998), é que grupos conseguiriam, simbolicamente, contestar o discurso centralizador e "pedagógico" de nação e, acima de tudo, questionar o poder desse discurso, no sentido de consolidar e generalizar uma única dimensão social em nome de uma nacionalidade que se quer unificadora.

Com efeito, os territórios quilombolas espalhados pelo país são espaços vivos de africanidades e resistência cultural. Bhabha (1998), ao analisar as culturas pós-coloniais, afirma que são culturas que caminham sempre em processo de tensão com a cultura nacional e aproveitam-se sempre dos vagos, dos vazios que a linearidade da narrativa pedagógica de nação não deu conta de preencher. É dessa forma que se escrevem e se inscrevem as inúmeras histórias dos negros nas Américas. O tempo político (performativo) vem escrevendo "o tempo dos descendentes dos africanos" no continente americano, o tempo daqueles que vêm construindo suas identidades hifenizadas, no sentido referido pelo antropólogo indiano Arjun Appadurai (2004): afro-brasileiro, afro-colombiano, afro-jamaicano, e assim por diante.

Referências

ALFREDO, W. Os quilombos e as novas etnias. *Revista Palmares*, Brasília, v. 5, n. 5, p. 163-176, nov. 2000.

AMADOR DE DEUS, Z. *Os herdeiros de Ananse*: movimento negro, ações afirmativas, cotas para negros na Universidade. 2008. Tese (Doutorado em Ciências Sociais) – Programa de Pós-Graduação em Ciências Sociais, Universidade Federal do Pará, Belém, 2008.

APPADURAI, A. *Dimensões culturais da globalização*: a modernidade sem peias. Tradução de Telma Costa. Lisboa: Editorial Teorema, 2004.

BASTIDE, R. *As Américas negras*: as civilizações africanas no novo mundo. Tradução de Edmundo de Oliveira e Oliveira. São Paulo: DIFEL; EDUSP, 1974.

BENJAMIN, Walter. *Sobre arte, técnica, linguagem e política*. Lisboa: Relógio D'Água, 1992.

BHABHA, H. K. *O local da cultura*. Tradução de Myriam Ávila, Eliana Lourenço de Lima Reis e Gláucia Renata Gonçalves. Belo Horizonte: Editora UFMG, 1998.

CARNEIRO, E. *Quilombo dos Palmares*. São Paulo: Martins Fontes, 2011.

CARVALHO, J. M. *A formação das almas*: o imaginário da república no Brasil. São Paulo: Companhia das Letras, 1990.

FANON, F. *Pele negra máscaras brancas*. Rio de Janeiro: Fator, 1983.

FREITAS, D. *Palmares*: a guerra dos escravos. São Paulo: Graal, 1990.

GOMES, F. *Palmares*: escravidão e liberdade no Atlântico Sul. São Paulo: Contexto, 2005.

HALL, S. Questão multicultural. In: SOVIK, L. (Org.). *Da diáspora*: identidades e mediações culturais. Tradução de Adelaine LaGuardia Resende. Belo Horizonte: Editora UFMG, 2003. p. 277-286.

LE GOFF, J. *História e memória*. Campinas: Editora Unicamp, 1996.

LEITE, J. C. *...E disse o velho militante*. São Paulo: Secretaria Municipal de Cultura, 1992.

NASCIMENTO, A. *O quilombismo*. Petrópolis: Vozes, 1980.

NASCIMENTO, A. *Jornal quilombo*. São Paulo: Fundação de apoio à USP; Editora 34, 2003.

OLIVEIRA, S. Depoimento. *Revista do Instituto Nacional de Estudos e Pesquisas Educacionais Anísio Teixeira (INEP)*, Brasília, v. 93, n. 233, p. 20-35, jan./abr. 2003.

ZEGARRA, M. C. Ações afirmativas e afrodescendentes na América Latina: análise de discursos, contra-discursos e estratégias. In: SANTOS, S. A. (Org.). *Ações afirmativas e combate ao racismo nas Américas*. Brasília: Secretaria de Educação Continuada, Alfabetização e Diversidade, 2005. p. 340-365.

Os desafios da academia frente à Lei n.º 10.639/03[1]

A Lei n.º 10.639, que foi sancionada pela presidência da república em 2003, tem uma longa trajetória de discussão no seio do movimento negro, pois desde a década de 1940 que publicações organizadas pelo movimento já registram a reivindicação de que os conteúdos curriculares nacionais tratem da história da África e da cultura afro-brasileira. Início, portanto, apresentando a lei. Posteriormente, farei um breve histórico sobre a questão racial e apresentarei alguns comentários sobre a tarefa dos docentes a partir da vigência da lei.

> Altera a Lei n.º 9.394, de 20 de dezembro de 1996, que estabelece as diretrizes e bases da educação nacional, para incluir no currículo oficial da Rede de Ensino a obrigatoriedade da temática "História e Cultura Afro-Brasileira", e dá outras providências (BRASIL, 2003, s/p).

Vale ressaltar que a aplicação da lei se apresenta como um grande desafio para os docentes, pois muitos desconhecem qualquer conteúdo que trate da África e da cultura afro-brasileira. Nessa perspectiva, o papel do educador assume grande dimensão, pois, além de buscar formação para cumprir suas funções, na medida em que são poucas as universidades brasileiras que já adequaram seus currículos visando à aplicabilidade da lei, esse docente tem que iniciar um processo de desconstruir imagens estereotipadas que sempre enfocam a África ressaltando aspectos negativos: atraso, selva, fome, doenças endêmicas, AIDS, guerras, miséria, pobreza. Essas imagens estereotipadas precisam sair de cena e dar lugar

---

[1] Artigo originado de intervenção da autora sobre a Lei n.º 10.639/03 durante o 19º Seminário Educação e a V Jornada Desigualdades Raciais na Educação Brasileira, eventos organizados pelo Núcleo de Estudos e Pesquisas sobre Relações Raciais e Educação (NEPRE), da Universidade Federal de Mato Grosso, coordenado pela professora Maria Lúcia Rodrigues Muller.

a uma África em sua múltipla realidade. Uma África que seja vista muito mais pelas semelhanças do que pelas diferenças exacerbadas entre os africanos e nós, afinal, possuímos uma África no Brasil, pois somos o segundo maior país em população negra no mundo. Temos a maior quantidade de negros fora da África e convivemos com africanidades em nosso cotidiano.

Contudo, nossa formação – e a dos que nos antecederam – não ofereceu condições para que víssemos a África com outros olhos, uma vez que a nação brasileira assentou suas bases sob a égide do racismo antinegro e anti-indígena, e a Academia pouco tem feito para desfazer esse grande equívoco. Os estudos sobre a questão racial na América Latina e, em particular, no Brasil são recentes no ambiente acadêmico. Esses estudos, em um primeiro momento, encontram-se na perspectiva de uma política ideológica de democracia racial.

As desigualdades sociais que decorrem do racismo e da discriminação racial foram frequentemente negadas no Brasil – e não apenas no Brasil, mas também em outros países, como no Chile, na Venezuela, na Argentina. Enfim, de um modo geral, na América Latina esse fenômeno se dá nas interações diárias com os negros e os povos indígenas.

Nas sociedades latino-americanas, em que todos os grupos tinham seu lugar e seus papéis próprios, sempre pareceram tão *naturais* as desigualdades, que a ideia de dominação racista, geralmente, foi vista – e muitas vezes ainda o é – como uma grande heresia. Adiante, passado o primeiro momento, o racismo dessas sociedades, na academia, passa a ser analisado a partir de comparações com o racismo mais explícito dos Estados Unidos. Nessa linha, as formas diárias de racismo na América Latina foram sempre consideradas pelos grupos dominantes como benevolentes.

Em um terceiro momento, a Academia passa a reconhecer as desigualdades sociais, porém, suas causas são atribuídas à classe social, e não à raça. Não se investiga, de fato, as raízes da desigualdade de classe e da pobreza. Mais adiante, a Academia, tanto na América Latina quanto na Europa, geralmente representada pelos cientistas sociais – interessados na África ou em grupos africanos ou indígenas da América Latina – elegeram como foco de estudo as propriedades e características étnicas dos grupos.

Enquanto isso, as práticas diárias de racismo e de discriminação racial, cometidas pelas elites raciais dominantes em relação a esses grupos, eram negligenciadas, não se constituindo em objeto de estudo, uma vez que sequer eram percebidas. Raros são, no espaço acadêmico, os que conseguem identificar o racismo imbuído nas ações dos membros dessas sociedades.

Nesse particular, lembro-me da metáfora construída pelo escritor português José Saramago (1995). O escritor, na obra *Ensaio sobre a cegueira*, fala *da responsabilidade de se ter olhos quando os outros já os perderam*. A obra oferece uma visão importante das relações sociais que passam a existir em uma cidade em que todos ficaram cegos, exceto um dos personagens, que se expressa através do seguinte enunciado: "Vocês não sabem, não o podem saber, o que é ter olhos num mundo de cegos, não sou rainha, não, sou simplesmente a que nasceu para ver o horror, vocês sentem no, eu sinto-o e vejo-o". E o discurso do narrador do romance prossegue com a indagação: "Como poderá uma sociedade de cegos apontar saídas para não fenecer?". A resposta vem logo em seguida: "Para que viva. Organizando-se. Organizar-se já é, de uma certa maneira, começar a ter olhos" (SARAMAGO, 1995, p. 317). Portanto, organizar-se foi a saída encontrada pelos negros brasileiros para trazer à cena a questão racial, inclusive dentro da Academia.

Alguns antropólogos, muitas vezes, estão mais interessados em estudar as relações de parentesco, as manifestações folclóricas, a religiosidade e outras temáticas consideradas exóticas, enquanto as práticas racistas são sempre deixadas de lado. Os olhos não veem e, provavelmente, os corações não sentem. Ressalto que essa foi, muitas vezes, a regra na Academia pelo fato de a maioria dos pesquisadores acadêmicos ser originária dos grupos raciais dominantes. Acrescente-se a isso a falta de experiência desses pesquisadores com o racismo e com a discriminação racial.

Nesse caso, há de se considerar, também, o fato de que em muitas situações esses pesquisadores acadêmicos se beneficiam do racismo e da discriminação racial, obtendo privilégios. E mais: a Academia tem se pautado pelos valores eurocêntricos. Contudo, nem todos os brancos são essencialmente racistas. Felizmente existem muitas pessoas brancas – dissidentes de seu grupo de origem racial – que enfrentaram ou enfrentam o rigor da Academia nesse aspecto. Estas muitas vezes pagam o ônus da rebeldia, e nem sempre o objeto de suas pesquisas é considerado empreendimento relevante. Esses rebeldes costumam enfrentar, também, dificuldades com as agências de fomento e, muitas vezes, não conseguem apoio para desenvolver suas pesquisas.

Nesse ínterim, enquanto a Academia cala, os discriminados falam, mas não são ouvidos, são vozes inaudíveis. Creio que levará algum tempo para que se assimile essa linha de investigação como prática usual. Em muitos lugares, foi necessário que os herdeiros da diáspora africana chegassem às Academias para forjar espaços. A experiência cotidiana de opressão os acompanha, pois eles não entram sozinhos para a Academia. Não costumam andar sozinhos. Carregam consigo, além de sua história de vida, a história de seus ancestrais. A marca dessa história está em seus corpos, os acompanha em qualquer lugar que decidam ir. Mesmo que eles queiram esquecer, não lhes é permitido. Haverá sempre alguém disposto a lhes mostrar, sem a menor cerimônia: "É um negro!". Isso, na melhor das hipóteses. Às vezes, no embate, logo vem a agressão: "Não passa de um negro!". Aqui, lembro Frantz Fanon:

> Então, desorientado, incapaz de ser livre como o outro, o Branco, que impiedosamente me aprisiona, eu me distanciei de meu ser, para bem longe, tornando-me um objeto. O que era para mim, senão uma separação, uma extirpação, uma hemorragia que coagulava sangue negro sobre todo o meu corpo? Portanto, não queria esta consideração, esta temática. "Queria apenas ser um homem entre outros homens" (FANON, 1983, p. 93).

Não obstante, em que pese o descaso da Academia, a resistência à opressão dos africanos e de seus descendentes persistiu. E que *persistência*. Lutaram com aquilo que ainda lhes restava de forças, estraçalhados que foram pelos trabalhos forçados. Tampouco os indígenas ficaram inertes. Também resistiram e resistem. Lutaram e lutam, sem parar, a seu modo. E não faltou *branco* que não reconhecesse essas lutas. Não são capazes! Têm que ser ensinados. Precisam ser tutelados. Nunca vão ter uma história! Aqui, não se pode perder de vista que a história das sociedades africanas e indígenas sempre foi deixada de lado. Isso, se sabe, provocado pelo racismo colonial que acompanhou o processo de colonização dos europeus no mundo.

Como as sociedades africanas e indígenas apresentavam configurações diferentes daquilo a que os europeus estavam acostumados, eles concluíram que eram sociedades sem civilização e sem história. É verdade. Não costumam ter uma história. Têm muitas histórias. São pródigos de histórias.

Ao longo do tempo, à medida que as ações dos africanos e de seus descendentes se acirram, o racismo vai trocando de *persona* (máscaras), e outras explicações, no plano do discurso, vão sendo construídas para justificar a negação das ações de rebeldia desses homens e dessas mulheres.

Nessa linha de raciocínio, a violenta luta contra a escravidão foi chamada de atos bárbaros, e o comportamento dos negros e negras, lido como patologia social; mais tarde, a patologia social se transforma em patologia biológica. No período abolicionista, surge uma espécie de elite conciliadora que tenta elaborar discursos em favor dos escravizados. Contudo, ao mesmo tempo, essa mesma elite se apressa em elaborar discursos visando esvaziar e diluir as intensas ações dos escravizados em seu processo de libertação.

Nessa linha do discurso de *conciliação*, a fala contundente dos negros é destituída de força, e o discurso que se afirma é o moderador, que dilui as ações dos negros e negras e seu papel dinâmico de sujeitos construtores de história.

Dessa forma, temos um processo de abolição que entrará para história oficial da nação brasileira como sendo resultado da *benevolência das elites letradas*. Após a abolição, as elites montam estratégias contra as organizações dos negros, que passam a ser perseguidos em suas ações rotuladas como *desorganizadas*, *artificiais* e *deslocadas*. Enquanto isso, as elites firmam o pacto com a *persona* (máscara) contemporânea do racismo brasileiro: o *mito da democracia racial*.

Em que pese a repressão, os negros e negras permanecem na tarefa de *resistir sempre*. Criam canais para falarem com a mesma linguagem dos letrados. Surge a *imprensa negra*, ocupando o espaço que antes fora ocupado apenas pelas irmandades, pelos terreiros e pelos clubes. Melhor dizendo, não se trata de ocupar o espaço, mas de somar com as organizações já existentes. Quando a imprensa negra começa a se afirmar como discurso fundado na palavra, vem a repressão do Estado Novo.

Negros e negras inconformados são reprimidos, mas não se curvam. Criam associações. Estabelecem alianças. Se (re)aproximam da África. Encontram semelhantes em outros territórios da África negra, de maneira a afirmar um discurso de unidade. Portanto, a resistência venceu. Atravessou os tempos. Não cessou de tecer teias. Construiu redes. Atravessou, e não apenas os tempos. Atravessou também o espaço e rompeu fronteiras. Em suma, atravessou o espaço circunscrito à nação.

Nessa linha de raciocínio, o racismo deve ser entendido transnacionalmente. A luta contra o racismo caminha em uma via de dois sentidos:

o local e o transnacional. Isso foi percebido por diversos autores, entre eles, Costa (2006), o qual ouso citar: "As diásporas transnacionais constroem vínculos de solidariedade e pertencimento" (COSTA, 2006, p. 125). Ou ainda, para continuar inspirada em Sérgio Costa: os contextos transnacionais de ação não se constituem através de referências nacionais – estas, muitas vezes, aparecem diluídas ou deslocadas de seu contexto territorial de origem –, mas de temas, estratégias e objetivos que não podem ser circunscritos a um Estado-Nação particular.

Dessa forma, a experiência de luta tem demonstrado que os dois contextos, o local (nacional) e o transnacional, se entrelaçam e se interpenetram, e que um é capaz de influenciar o outro. A via, realmente, é de mão dupla.

Contemporaneamente, em meados do século XX, a resistência negra contra o racismo e a discriminação racial recebeu um grande impulso. Infelizmente, esse impulso foi de ordem trágica. Porém, de tragédias os herdeiros de Ananse sabem falar. Foram obrigados a viver sob a insígnia da tragédia desde a implantação do colonialismo europeu. A diferença é que não se curvaram à catarse do herói clássico do gênero grego. A tragédia contemporânea à qual me refiro é o genocídio dos judeus configurado no holocausto, o grande horror da Segunda Guerra Mundial, capaz de chocar o mundo.

Nesse caso, a tragédia se abateu sobre os judeus em território europeu. Tantos outros genocídios aconteceram durante o processo de colonização, mas com os outros, distantes geograficamente do território europeu. O momento era de reflexão. Naquele novo contexto, após a tragédia do holocausto, havia que se construir uma nova ordem no mundo ocidental.

Nessa perspectiva, foi criado o Sistema Internacional de Proteção dos Direitos Humanos, inaugurado pela Declaração Universal dos Direitos Humanos de 1948. Desse instrumento, resultado da nova ordem estabelecida pelos brancos, se serviu o movimento negro para a elaboração de novas estratégias de luta.

É o resultado dessas ações de resistência que fortalece e legitima o discurso do movimento negro. Legitima não apenas seus discursos diante do poder estabelecido, mas também é responsável pela criação de novas ações, além de propiciar o surgimento de novas ações antirracistas. Significa dizer que cada ação dos atores envolvidos no processo que, de uma forma ou de outra, desestabiliza a hegemonia do discurso racista fomenta e retroalimenta novas ações.

Para desconstruir o discurso racista, faz-se necessária a reformulação de um sem-número de conceitos com os quais nos deparamos no cotidiano e que, muitas vezes, chegam a dificultar o processo na luta contra o racismo. Essas dificuldades mostram a constância e, ao mesmo tempo, a instabilidade da luta racial, pois são a prova de que os conceitos com os quais a Academia tem lidado para tratar a questão racial estão, muitas vezes, falidos. Essa situação mostra, também, a instabilidade e a ineficácia desses conceitos, considerados clássicos pela Academia, para abarcar o que ocorre no campo da luta racial. Esse fenômeno gera um conflito que, longe de ser insolúvel, abre espaço para as falências de certas abordagens que ainda são utilizadas no espaço acadêmico.

Nessa perspectiva, ao contrário do que se pode pensar, o conflito pode se tornar um motor gerador de um dinamismo interno nas Academias capaz de gerar um futuro promissor. Para tanto, é necessário que o mecanismo do sistema de cotas para negros nas Instituições de Ensino Superior atinja o objetivo de aumentar a presença negra no espaço acadêmico, visando desconstruir o discurso dominante.

Costuma-se entender por desconstrução, o esforço e as tentativas de análise de como se construiu um conceito qualquer a partir de processos históricos e acumulações metafóricas (DERRIDA, 1985). Contudo, conforme apresenta Jacques Derrida, o termo "desconstrução" não se trata de reduzir o conceito, já tornado clássico, ao nada. Trata-se de mostrar como ele se desarmou. Nessa linha, espera-se que seja esse o papel dos negros que chegarem às universidades. Melhor dizendo, esta deve ser a resposta fundamental da proposta de negros na universidade: enegrecer o espaço acadêmico, visando aumentar os números de estudos e pesquisas que tratem da questão racial e que possam ancorar a eliminação do racismo e da discriminação racial na sociedade.

Devo salientar que, aqui, falo de "raça" sempre sob rasura, apoiada em vários estudiosos da questão racial e, particularmente, em Stuart Hall (2003), o qual entende que "raça" traduz com maior eficiência a experiência brasileira, por causa da importância que é dada à cor da pele, ao fenótipo. Embora sabendo que, conceitualmente, a categoria raça não possui sustentação científica, destaco que "raça" continua sendo uma construção política e social.

Posso dizer que raça é uma categoria discursiva em torno da qual se organizou um sistema de poder socioeconômico de exploração e exclusão.

Stuart Hall (2003, p. 69) diz que o racismo contemporâneo se impõe como uma "categoria discursiva que possui uma lógica própria". Lógica que tenta justificar as desigualdades sociais e que as legitima por meio das distinções genéticas e biológicas. Ou seja, a justificativa para a desigualdade se encontra no campo da natureza. É o efeito dessa naturalização que contribui para que a desigualdade racial passe a ser um fato fixo, impassível de mudança.

> O fato se exprime, de maneira visível, pelas radicais diferenças de raças e de cultura, e é reforçado por uma segregação mais ou menos direta. Tais diferenças assumem importância tanto maior quanto mais são manipuladas para justificar a dominação de uns e a submissão de outros que determinam os componentes raciais e culturais das reações contra a dependência colonial (BALANDIER, 1976, p. 152).

Um dos papéis fundamentais do racismo tem sido negar a participação social, política e econômica a determinados grupos e tornar legítimas as diversas formas de exploração. O racismo está incrustado em relações de poder. Consiste na capacidade construída de um grupo em formular uma ideologia que não apenas torne legítima uma determinada relação de poder, mas que funcione também como um mecanismo capaz de reproduzir essa relação. Ellis Cashmore *et al.* (2000), no *Dicionário das relações étnicas e raciais*, definem o racismo moderno como a combinação do preconceito com o poder e, para eles, o preconceito reflete uma "atitude mental inflexível para com certos grupos, baseada em imagens estereotipadas, duvidosas e possivelmente distorcidas" (CASHMORE *et al.*, 2000, p. 55).

Kabengele Munanga, em palestra proferida em julho de 2006, na II Conferência de Intelectuais da África e da Diáspora (II CIAD), diz que "o preconceito racial é o coração do racismo".

Levando-se em conta as atitudes racistas, o poder possui grande importância, e é capaz, também, de desempenhar vários papéis. O primeiro deles é o papel do poder no discurso racista. Esse poder é epistemologicamente exercido nas práticas de nomear e avaliar as vítimas do racismo. Nomeia e avalia quem possui o poder. Ao grupo ou aos grupos desempoderados não cabe outra escolha, a não ser aceitar de forma passiva.

O segundo é o papel conforme o qual as consequências sociopolíticas do racismo são submetidas ao poder possuído pelos racistas. A título de exemplo: uma pessoa pode considerar toda a sua vizinhança inferior, mas, se essa pessoa não possuir poder, sua opinião racista será limitada, e os vizinhos não sofrerão maiores consequências. Isso significa que não existe racismo desvinculado das relações de poder. O racismo se constitui, hoje, em uma resposta engendrada a serviço de modernas ideologias de dominação e exclusão no interior do sistema capitalista de produção e seus desdobramentos.

No exemplo aqui utilizado, as relações acontecem na dimensão subjetiva, dimensão em que atua o preconceito. Para que o processo do racismo se torne completo, as relações devem atuar em duas dimensões: a subjetiva e a objetiva. Esta sim, na esfera do concreto, é dimensão em que atua a discriminação. Portanto, para que se combata o racismo, há que se pensar em estratégias para a construção de um contradiscurso eficaz, capaz de efetivar esse combate e eliminar as ações discriminatórias. Esse contradiscurso não deve atuar apenas no campo da retórica, mas concretamente operar ações que mudem o quadro de prejuízos das vítimas do racismo.

Foucault (1999) assinala que o racismo é algo capaz de proliferar secularmente, algo que se enrosca na engrenagem estatal e, no limite, transforma em inimigos, capazes de ameaçar a hegemonia, e até a soberania do Estado, aqueles que estão dentro da sociedade. Nessa lógica, os inimigos que atentam contra a ordem e a soberania não são mais os de fora, e sim os de dentro. Ainda para Foucault (1999), o racismo é o modo pelo qual o poder do Estado decide quem deve viver e quem deve morrer, é a maneira mais eficaz de produzir o desequilíbrio entre os grupos de uma população. Nessa linha, o racismo exacerba as diferenças, exerce a violência e mutila socialmente o cidadão. Para Foucault (1999), a primeira função do racismo é representada pela fragmentação, pelo controle e pela gestão. A segunda função (extrema) é aquela que permite ao Estado estabelecer uma relação positiva até mesmo diante da mais extrema das ações, que é a morte. O desaparecimento do "outro". "Quanto faças morrer, deixes morrer, tanto mais por isso viverás" (FOUCAULT, 1999, p. 305). A morte do "outro", do ponto de vista individual, representa a minha segurança pessoal, e, do ponto de vista coletivo, representa a liberdade do Estado em relação à ameaça. Dessa perspectiva, a morte do "outro", muitas vezes simbólica, representa a saúde social do grupo privilegiado. A partir dessa lógica, a cidadania passa pelo controle do corpo social, estabelecendo uma nova forma de poder que Foucault (1999) denomina de "biopoder".

O terceiro papel do racismo é aquele que faz com que, em uma sociedade, o grupo que detém o poder imponha uma visão de mundo a partir da ótica racista. A sociedade em questão se torna dividida entre grupos minoritários e grupos majoritários.

Na perspectiva da persistência, apontarei alguns instrumentos ideológicos classificatórios definidores de hierarquias e subalternidades entre as diferentes raças construídas ao longo dos quinhentos anos no processo de colonização das Américas. Nesse processo, apesar das mudanças ocorridas nas relações políticas, sociais, econômicas e culturais, desde o início e, sobretudo, nas últimas décadas, esses instrumentos classificatórios, definidores de hierarquia e subalternidade, ainda persistem em se manter, prejudicando a construção de uma identidade racial negra, a ampliação da cidadania e a efetiva democratização da sociedade brasileira.

Com efeito, a Lei n.º 10.639/03, resultado de uma história de luta dos descendentes de africanos, impõe aos educadores a tarefa de ensinarem aos seus discípulos que o continente africano é o berço da humanidade, no qual surgiram os ancestrais de todos os homens e mulheres. É preciso ensinar que desse lugar saíram, há cem mil anos, nossos ancestrais para povoar o mundo. Nesse lugar surgiram as civilizações mais antigas – por exemplo, o Egito, que exerceu grande influência sobre as bases da constituição do que conhecemos como civilização ocidental.

O educador precisa estar cônscio de que a África não é um todo homogêneo, mas um continente extenso, de 30 milhões de quilômetros quadrados de superfície, que abriga diversas civilizações, milhares de etnias e distintas culturas. Possui uma população de cerca de 600 milhões de habitantes, centenas de povos que falam diversas línguas e que possuem semelhanças, mas também diferenças entre si. Do ponto de vista geográfico, o deserto do Saara estabeleceu uma divisão natural do continente africano. A África do Norte, que muitos chamam de África branca ou África árabe, é constituída por Marrocos, Argélia, Tunísia, Líbia e Egito. E a África Subsaariana, conhecida como África negra, compreende todos os países da África ocidental, oriental, central e austral.

Para o senso comum, a imagem que se tem da África é reducionista: pensa-se que tudo é a mesma coisa. Esse reducionismo é consequência do racismo, que perde de vista que o continente africano é formado por 56 países diversos, mas que também possuem semelhanças. A unidade geográfica dos países africanos abriga diversidade biológica, linguística, étnica e cultural. Os atuais Estados africanos, com raras exceções, são multiétnicos, ou seja, são constituídos por vários povos, que falam línguas diferentes e possuem escalas de valores, crenças religiosas e instituições políticas e familiares distintas.

Entender a história do continente africano em sua plenitude e complexidade se constitui em um importante passo para garantir o redimensionamento da cultura negra, da história e da identidade dos negros brasileiros e da sociedade brasileira. Os embasamentos teóricos são constructos de cunho epistemológico que poderão fornecer, no ambiente escolar, entre os educadores e no sistema educacional em suas várias instâncias, o reconhecimento da história dos negros e, por consequência, a maior valorização da descendência africana entre os afro-brasileiros.

Muitos educadores costumam dizer que não conseguem encontrar material didático. Isso podia ser verdade há bem pouco tempo, pois eram parcas as publicações que chegavam até nós sobre o continente africano. Porém, hoje a situação mudou. E, para tanto, os intelectuais negros têm exercido um papel fundamental. Um papel incansável, no sentido de corrigir as injustiças históricas que extirparam o continente africano do contexto da história internacional da humanidade. É como se aquele fosse um continente a-histórico. Um continente sem história. Aos poucos, a África e os descendentes de africanos vão se desvelando e deixando o papel de serem apenas temas e objetos de estudos dos brancos, para assumir o papel de protagonistas de sua própria história. Oxalá, que a Lei n.º 10.639/03 seja o mote para que tal aconteça!

Não raras vezes, os educadores e militantes do movimento negro que trabalham com a educação para as relações étnico-raciais ficam ansiosos porque a lei parece entrar morosamente no âmbito acadêmico, não obstante os esforços desempenhados. Contudo, penso que essa dificuldade se dá pelo fato de a aplicabilidade da lei não se constituir uma tarefa fácil. Não basta incluir esta ou aquela disciplina, isso seria restringir sua abrangência. Antes, se trata de uma mudança radical capaz de abalar os paradigmas que amparam o eixo da educação no país.

Referências

AMADOR DE DEUS, Z. *Os herdeiros de Ananse*: movimento negro, ações afirmativas, cotas para negros na Universidade. 2008. Tese (Doutorado em Ciências Sociais) – Programa de Pós-Graduação em Ciências Sociais, Universidade Federal do Pará, Belém, 2008.

BALANDIER, G. *As dinâmicas sociais*: sentido e poder. Tradução de Gisela Stock e Hélio de Souza. São Paulo; Rio de Janeiro: DIFEL, 1976.

BOBBIO, N.; MATTEUCCI, N.; PASQUINO, G. *Dicionário de política*. Brasília: Editora UnB, 1998. v. II.

BRASIL. *Lei n.º 10.639, de 9 de janeiro de 2003*. Altera a Lei n.º 9.394, de 20 de dezembro de 1996, que estabelece as diretrizes e bases da educação nacional, para incluir no currículo oficial da Rede de Ensino a obrigatoriedade da temática "História e Cultura Afro-Brasileira", e dá outras providências. Brasília, DF, Presidência da República [2003]. Disponível em: <https://bit.ly/2vSvuSj>. Acesso em: 15 set. 2010.

CASHMORE, E. *et al. Dicionário de relações étnicas e raciais*. Tradução de Dinah Kleve. São Paulo: Summus, 2000.

COSTA, S. *Dois atlânticos*: teoria social, anti-racismo, cosmopolitismo. Belo Horizonte: Editora UFMG, 2006.

DERRIDA, J. Cartas a um amigo japonês. *Revista de Estética*, Rio de Janeiro, n. 4, p. 15-18, 1985.

FANON, F. *Pele negra máscaras brancas*. Salvador: Fator, 1983.

FOUCAULT, M. *Em defesa da sociedade*: curso no Collège de France (1975-1976). São Paulo: Martins Fontes, 1999.

HALL, S. Questão multicultural. In: SOVIK, L. (Org.). *Da diáspora*: identidades e mediações culturais. Tradução de Adelaine La Guardia Resende. Belo Horizonte: Editora UFMG, 2003. p. 277-286.

MEMMI, A. *Retrato do colonizado precedido pelo retrato do colonizador*. Rio de Janeiro: Paz e Terra, 1989.

MUNANGA, K. *Palestra*. Mesa Redonda – Ações Afirmativas. In: CONFERÊNCIA DE INTELECTUAIS DA ÁFRICA E DA AFRO-DIÁSPORA (CIAD), 2., 2006, Salvador. *Anais eletrônicos*.... Salvador: Centro de Convenções de Salvador, 2006. Disponível em: <https://bit.ly/38MH3ZO>. Acesso em: 14 fev. 2010.

NASCIMENTO, E. L. do. *O sortilégio da cor: identidade raça e gênero no Brasil*. São Paulo: Summus, 2003.

SARAMAGO, J. *Ensaio sobre a cegueira*. São Paulo: Companhia das Letras, 1995.

As *personas* (máscaras) do racismo

Introdução

Esta narrativa tem por objetivo elaborar um breve perfil do racismo, utilizando as diversas *personas* (máscaras) que este adquiriu ao longo do tempo para se manter. Melhor dizendo, elaboro algumas *personas* para demonstrar que a plasticidade do racismo o induz a ser um fenômeno que, a cada momento histórico, dependendo das circunstâncias, torna-se capaz de operar várias metamorfoses e adquirir nova face. Aqui, o qualificativo "nova" é empregado apenas como uma expressão idiomática, pois, na verdade, o que acontece é a persistência do fenômeno que se renova para persistir. Ressalto que, aqui, o termo "*persona*" advém do grego e remete à máscara utilizada na Antiguidade grega pelo personagem da tragédia. Com efeito, emprego a metáfora das *personas* a fim de tornar evidentes as diversas facetas que o racismo adquiriu ao longo da história.

Para início de conversa, ressalto que, nesta breve reflexão, o termo "raça" será utilizado "sob rasura", apoiada, particularmente, em Stuart Hall (2003), o qual entende que "raça" traduz com maior eficiência a experiência brasileira, por causa da importância que é dada à cor da pele, ao fenótipo. Embora sabendo que, conceitualmente, a categoria "raça" não possui sustentação científica, "raça" continua sendo uma construção política e social. Podemos dizer que "raça" é uma categoria discursiva em torno da qual se organizou um sistema de poder socioeconômico de exploração e exclusão. Stuart Hall (2003) diz que o racismo se impõe como categoria discursiva que possui uma lógica própria, a qual tenta justificar as desigualdades sociais que legitimam as desigualdades raciais pelas distinções genéticas e biológicas. Ou seja, a justificativa encontra-se no campo da natureza. É o efeito de "naturalização" que contribui para que a desigualdade racial passe a ser um "fato fixo", impassível de mudança. Dessa forma, um grupo se afirma à custa da anulação de outros.

Charles Moore (2007), estudioso da questão racial, diz ser o racismo um fenômeno histórico ligado a conflitos reais ocorridos na história dos povos. E o próprio autor realiza uma série de indagações visando contextualizar sua afirmação. As indagações tratam, por exemplo, de definir o tipo de conflito: quais os conflitos? Quais os povos participantes do conflito? Onde e quando aconteceram tais conflitos? Moore (2007) percorre uma longa trilha a partir dessas questões para detectar a gênese histórica do racismo. Esta narrativa não tem por objetivo responder sobre a origem do racismo, e sim trazê-lo à cena enquanto discurso constantemente reatualizado e ressignificado.

Portanto, longe de querer esgotar as diversas acepções de racismo ou até de me aventurar por qualquer definição que se queira cabal, o que farei aqui é traçar um breve perfil desse personagem que tem se posto como antagonista, negando a condição humana dos povos africanos e seus descendentes espalhados pelo mundo. Desse modo, esta breve reflexão se quer uma pequena semente a ponto de eclodir e, alhures, gerar novas reflexões.

O racismo, hoje, pode ser definido como um fenômeno que traz consigo uma história da negação dos direitos políticos, cívicos e sociais. O racismo contemporâneo emergiu como uma doutrina de exclusão, para legitimar a dominação de grupos fenotipicamente diferentes, e tem se mostrado decisivo na criação e na reprodução de estruturas de classe fundadas na subordinação daqueles definidos como inferiores por natureza. Segundo Montserrat Guibernau, em sua obra *Nacionalismos: o Estado nacional e o nacionalismo no século XX*: "O racismo determina a relação de grupos que vivem numa sociedade compartimentada" (GUIBERNAU, 1997, p. 99). Pode-se considerar que, em estados pós-coloniais, o racismo é resíduo de um passado em que a superioridade europeia foi oficialmente reconhecida (por europeus, é evidente).

Michel Foucault, em sua obra *Em defesa da sociedade*, realiza uma genealogia do racismo. Foucault (1999) diz que o racismo se constitui em um contradiscurso que retoma, recicla a forma, o alvo e a própria função do discurso sobre as lutas das raças. Contudo, trata-se de um discurso aparentemente novo que deturpa o discurso da luta das raças. Esse racismo se caracterizará pelo fato de que o tema da guerra histórica – com suas batalhas, suas invasões, suas pilhagens, suas vitórias e suas derrotas – será substituído pelo tema biológico pós-evolucionista da luta pela vida.

Não mais batalha no sentido guerreiro, mas luta no sentido biológico: diferenciação das espécies, seleção do mais forte, manutenção das raças mais bem adaptadas, etc. Assim também o tema da sociedade binária, dividida entre duas raças, dois grupos estrangeiros, pela língua, pelo direito, etc., vai ser substituído pelo tema de uma sociedade que será biologicamente monística. Essa sociedade será evidentemente ameaçada por certo número de elementos heterogêneos. Entretanto, tais elementos não lhe são essenciais, uma vez que não dividem o corpo vivo da sociedade em duas partes; são elementos que podem ser considerados acidentais. Será a ideia de estrangeiros que se infiltraram, será o tema dos transviados que são os subprodutos dessa sociedade.

Dito de outra forma, para Foucault (1999), a ideia da pureza da raça, com tudo o que comporta, a um só tempo, de monístico, de estatal e de biológico, será aquela que vai substituir a ideia da luta das raças. Quando o tema da pureza das raças toma o lugar da luta das raças, nasce o racismo. É nesse momento que se opera a conversão da contra-história em um racismo biológico.

Genealogia do racismo de acordo com Foucault

A genealogia do racismo realizada por Foucault (1999) explica que a construção do racismo contemporâneo – racismo de Estado, biológico e centralizado –, que surge no fim do século XIX, se fundamenta no "velho" tema da pureza da raça. Na verdade, é o tema da pureza da raça que, mesmo quando não foi profundamente modificado, pelo menos foi transformado e utilizado nas estratégias específicas do século XX.

Esse tema estará presente na composição do racismo de Estado, encarregado de proteger biologicamente a raça. O nazismo, por exemplo, se fundamenta nessa modalidade de racismo. Com efeito, a modificação introduzida não abandonou de todo sua origem, a luta das raças. É dessa forma que o nazismo irá reaparecer convertido e reinvestido de uma narrativa mitológica, responsável por fazer com que, naquele ambiente, o racismo de Estado funcione em uma atmosfera mítico-ideológica. Outro exemplo contemporâneo foi o regime do *apartheid*[1] na África do Sul, cuja elaboração discursiva também se faz perceber a partir de elementos míticos.

A análise de Foucault (1999), a meu ver, possui o mérito de demonstrar, de forma cristalina, que a fundamentação do racismo permanece intacta ao longo da história. O que muda não é a origem do racismo, e sim as estratégias utilizadas, não só para justificá-lo, mas, e, sobretudo, para retirar de suas vítimas a possibilidade de reação. Estratégias articuladas de forma coerente que vão desde as construções simbólicas até as práticas sociais. Tais estratégias têm por função tornar suas vítimas inteiramente manietadas. Nesse "jogo" tudo vale, até a utilização do discurso de origem mítico-religiosa.

Racismo e colonialismo

O racismo acompanhou, durante certo tempo, um tipo de nacionalismo inspirado pela ideia de império além das fronteiras da metrópole. Em antigas colônias, os racistas mostram uma espécie de nostalgia de um passado dourado em que sua primazia se mantinha inalterada; de um tempo em que eles podiam se sentir moralmente satisfeitos por levar a civilização a povos "bárbaros". Segundo Montserrat Guibernau,

> Os colonizadores achavam que os povos nativos deveriam ser gratos a eles, uma vez que, de certo modo, ser explorado era um privilégio: significava estar em contato com uma cultura inequivocamente "superior". Os racistas, nesses terrenos, procuram apoiar uma estrutura de classe que os beneficie (GUIBERNAU, 1997, p. 100-101).

Visto desse ângulo, o racismo é um fenômeno que tem como um de seus suportes a crença na naturalização da superioridade do colonizador.

---

[1] "'Vida separada' – é uma palavra de origem africana, adotada legalmente em 1948 na África do Sul para designar um regime segundo o qual os brancos detinham o poder e os povos restantes eram obrigados a viver separadamente, de acordo com regras que os impediam de ser verdadeiros cidadãos. Este regime foi abolido por Frederik de Klerk em 1990 e, finalmente, em 1994 eleições livres foram realizadas. O primeiro registro do uso desta palavra encontra-se num discurso de Jan Smuts em 1917. Este político tornou-se Primeiro-ministro da África do Sul em 1919. Tornou-se de uso quase comum em muitas outras línguas. As traduções mais adequadas para português são segregação racial ou política de segregação racial" (WESSELING, 1998).

E, em consequência, a naturalização da existência de grupos naturalmente hierarquizados. A causa da hierarquia não é fixa. Ela adquire e adquiriu várias formas ao longo do tempo. Em alguns momentos, a suposta causa se fundamentou na superioridade de uma cultura em relação a outras culturas. Em outros momentos, a causa encontra resposta na biologia, e então, as causas, superioridade cultural e superioridade biológica, se misturam, se fundem e passam a constituir um fenômeno complexo, capaz de englobar os aspectos físicos, morais, intelectuais e culturais dos grupos em situação de subalternidade.

Aqui não é demais lembrar Fanon (1979, p. 31), em *Os condenados da terra*, quando afirma que o colonizado é declarado pelo colonizador como "o mal absoluto", "elemento corrosivo, que destrói tudo que dele se aproxima, elemento deformador, que desfigura tudo que se refere à estética ou à moral, depositário de forças maléficas, instrumento inconsciente e irrecuperável de forças cegas".

Racismo mítico

Uma das origens do racismo na cultura do Ocidente encontra explicação no mito bíblico de Noé.[2] Segundo essa narrativa, a diferença fenotípica dos povos deriva dos três filhos de Noé: Jafé, Sem e Cam. O relato bíblico dá conta de que Noé, depois de conduzir por muito tempo sua arca nas águas do dilúvio, encontrou finalmente um oásis. Exausto, estendeu sua tenda para descansar com seus três filhos. Depois de tomar algumas taças de vinho, vencido pelo cansaço, adormeceu. Tomado pelo sono, Noé deitou-se em uma posição indecente, e sua nudez veio à tona. Cam, ao encontrar seu pai nu e naquela postura desairosa, fez junto aos seus irmãos Jafé e Sem comentários desrespeitosos sobre o pai e deu muitas risadas. Jafé e Sem não aprovaram a atitude do irmão. Ao acordar, Noé foi informado pelos dois filhos sobre o comportamento leviano de Cam. Noé, descontente com a atitude do filho, o amaldiçoou dizendo: "Seus filhos serão os últimos a ser escravizados pelos filhos de seus irmãos".[3]

---

[2] O relato encontra-se no capítulo nove do livro de *Gênesis*.

[3] O mito é reproduzido no Ocidente de diversas formas. Deslocou-se para as Américas com os colonizadores como parte a compor o acervo da chamada civilização judaico-cristã.

A partir desse relato exemplar, podemos imaginar quem são os filhos de Cam, fadados a carregar para sempre as consequências da irreverência de seu ancestral. Com efeito, essa pequena história explica a diferença hierárquica entre os grupos existentes. Entretanto, os filhos de Cam são os canaenses. Nesse caso, não está posta, portanto, a questão fenotípica; esta entrará em jogo sempre que necessário.

A partir da mesma referência mítica, posteriormente, os calvinistas transformarão os herdeiros de Cam em negros. O filho Jafé é o ancestral dos brancos, e Sem, o ancestral dos amarelos. Os cristãos calvinistas tomam por base esse relato para justificar e legitimar o racismo antinegro. Muitas narrativas foram e são elaboradas para justificar e tornar válido o racismo. Nesse contexto, se constrói a justificativa mítica do *apartheid* na África do Sul.

A narrativa mítica elaborada para justificar o *apartheid* fundamenta-se no mito judeu da "terra prometida". Com a ocupação dos Países Baixos pelas tropas napoleônicas, a Inglaterra antecipou-se na tomada da Colônia do Cabo, antes que Napoleão o fizesse. Os africânderes, ou bôeres, como eram chamados pelos ingleses, para não se submeterem à colonização inglesa, empreenderam a "Grande Marcha" em busca de uma terra onde pudessem constituir sua nação. Essa peregrinação é, então, comparada à peregrinação dos judeus à terra prometida.

É importante ressaltar que a chegada dos europeus à África se deve à busca do novo caminho para as "Índias", ocorrida a partir do final do século XV, período das "grandes navegações". Nessa busca, encontram um caminho marítimo contornando a África. Primeiro foram os portugueses, seguidos por holandeses e franceses. Dessa forma, os europeus começam a instalar pontos de apoio no litoral africano. Assim nasce o Cabo da Boa Esperança, antes denominado Cabo das Tormentas, imortalizado por Camões em *Os Lusíadas*. Em 1652, uma expedição holandesa à procura de um povoado em que pudesse produzir alimento para suprir os navios da Companhia das Índias Orientais criou um forte que dará origem à Cidade do Cabo.

O que importa ser destacado na construção da justificativa mítico-religiosa é a tentativa de revestir os acontecimentos históricos de uma aura de atemporalidade que os remeta a tempos imemoriais – por isso, a elaboração do mito. Segundo Balandier (1976, p. 202), "a referência ao mito de geração a geração permitiria reproduzir as estruturas primordiais. Segundo esta óptica, o mito imporia seu rude constrangimento para manter a sociedade e a cultura fora das turbulências da história".

Prevalência da ciência

Outra narrativa sobre a origem do racismo tem raízes históricas que podem ser conhecidas e inventariadas na relação com o modernismo ocidental fundado na experiência colonial. A narrativa se origina na classificação dita científica derivada da observação dos caracteres físicos (cor da pele, traços morfológicos). Os caracteres físicos foram considerados irreversíveis na sua influência sobre os comportamentos dos povos. Essa mudança de perspectiva foi considerada como um salto ideológico importante na construção da ideologia racista, pois se passou de um tipo de explicação na qual Deus e o livre arbítrio constituem o eixo central da divisão da história humana para um novo tipo, no qual a biologia (sob sua forma simbólica) se erige em determinismo racial e se torna a chave da história humana. Nessa perspectiva, o racismo é, então, legitimado pela ciência.

Nesse contexto, a origem do racismo passa a ter o aval da ciência quando ele se utiliza de caracteres biológicos como justificativa desse ou daquele comportamento. É exatamente nesse momento que se dá o estabelecimento da relação intrínseca entre caracteres biológicos e qualidades morais, psicológicas, intelectuais e culturais, a qual irá desembocar na hierarquização das chamadas raças superiores. Como se pode observar, a construção desse discurso sobre racismo fundamentado cientificamente possui data recente, e vários cientistas empenharam-se na tarefa de comprovar essas teorias.

Carl von Linné,[4] o mesmo naturalista sueco que fez a primeira classificação racial das plantas, realiza no século XVIII o melhor exemplo da classificação racial humana acompanhada de uma escala de valores que sugere a hierarquização. Dessa forma, na classificação da diversidade humana, o autor divide o *Homo sapiens* em quatro raças (que mostram

---

[4] Carolus Linnaeus, chamado mais tarde de Carl von Linné (1707-1778), naturalista e botânico sueco, é considerado "pai da taxonomia". Em português ele é conhecido também como Carlos Lineu. Carl von Linné é o criador do "Sistema de Classificação Binária" ou "Nomenclatura Binominal", que lança as bases da biologia moderna.

que, no imaginário do cientista, raça não é exclusivamente um grupo, mas os povos nativos do continente conquistado): i) o americano, que é descrito como moreno, colérico, sociológico, cabeçudo, amante da liberdade, governado pelo hábito, e que costuma pintar o corpo; ii) o asiático, que é amarelo, melancólico, governado pela opinião e pelos preconceitos, e que costuma usar roupas largas; iii) o africano, que é negro, flegmático, astucioso, preguiçoso, negligente, governado pela vontade de seus chefes (despotismo), e que costuma untar o corpo com óleo ou gordura. A mulher africana tem a vulva pendente e, quando amamenta, seus seios se tornam moles e alongados; iv) o europeu, que é branco, sanguíneo, musculoso, engenhoso, inventivo, governado pelas leis, e que costuma usar roupas apertadas.

A classificação do autor, supostamente científica, além de descrever o fenótipo, exacerba na ousadia de representar, de modo pejorativo, os grupos dominados. O cientista se dá o requinte de relacionar a cor da pele com a inteligência, a cultura e as características psicológicas em um esquema sem dúvida hierárquico, construindo uma escala de valores nitidamente tendenciosa, que favorece o dominador europeu.

O agravante no discurso legitimado pela ciência é que, embora essa legitimação tenha perdido o status da ciência – melhor dizendo, contemporaneamente, esse é um discurso que não possui mais o aval da ciência –, os elementos dessa hierarquização sobreviveram ao tempo e se mantêm ainda intactos no imaginário coletivo das novas gerações. A concepção do racismo baseada na vertente biológica começa a mudar a partir dos anos 1970, graças aos progressos realizados nas ciências biológicas (genética humana, bioquímica, biologia molecular) e que fizeram desacreditar na realidade científica do racismo e da raça.

Para falar de raça, recorro a Kabengele Munanga (2004), que diz:

> Etimologicamente, o conceito de raça veio do italiano *razza*, que por sua vez veio do latim *ratio*, que significa sorte, categoria, espécie. Na história das ciências naturais, o conceito de raça foi primeiramente usado na Zoologia e na Botânica para classificar as espécies animais e vegetais. Foi neste sentido que o naturalista sueco Carl Von Linné, conhecido em Português como Lineu (1707-1778), usou para classificar as plantas em 24 raças ou classes, classificação hoje inteiramente abandonada (MUNANGA, 2004, p. 17).

Como se pode observar, anteriormente, fiz referência a Carl von Linné para que se pudesse verificar a origem biológica do racismo. Novamente vem à cena Linné, citado por Munanga (2004), para esclarecer a origem do vocábulo "raça", o que demonstra que os dois conceitos possuem parentesco entre si, e, no mínimo, estão atados por laços de origem. Assim, unidos por laços de origem, sofrem as mesmas idiossincrasias e possuem as mesmas características semânticas. Dessa forma, é ainda Munanga que vem em meu auxílio:

> Como a maioria dos conceitos, o de raça tem seu campo semântico e uma dimensão temporal e especial. No latim medieval, o conceito de raça passou a designar a descendência, a linhagem, ou seja, um grupo de pessoas que têm um ancestral comum e que, *ipso facto*, possuem algumas características físicas em comum. Em 1684, o francês François Bernier emprega o termo no sentido moderno da palavra, para classificar a diversidade humana em grupos fisicamente contrastados, denominados raças (MUNANGA, 2004, p. 17).

Conforme aponta Foucault (1999), raça é um conceito que tem acompanhado os seres humanos, alimentando lutas e conquistas de grupos que, por alguma razão, sentem-se superiores a outros. O dicionário de Cashmore *et al.* (2000, p. 445-446) nos apresenta o vocábulo de três maneiras: raça como classificação; raça como significante; raça como sinônimo. Raça como classificação se refere a um grupo ou uma categoria de pessoas conectadas por uma origem comum.

A partir das acepções do vocábulo "raça" constantes no *Dicionário de relações étnicas e raciais*, é possível inferir que raça é um modo, uma forma de nomear a diferença entre os membros de uma coletividade particular e os de uma "outra" – a "alheia". Segundo Anthias e Yuval Davis, 1990 *apud* GUIBERNAU, 1997, p. 95:

> A raça estabelece uma fronteira entre aqueles que partilham certas características biológicas ou fisionômicas que podem ou não ser vistas como expressas principalmente em cultura ou estilos de vida, mas não sempre fundadas na separação de populações humanas por alguma noção de hereditariedade de traços comuns ou coletivos (ANTHIAS; DAVIS, 1990 *apud* GUIBERNAU, 1997, p. 95).

O conceito de raça com base nas diferenças fenotípicas consiste na classificação dos indivíduos partindo do pressuposto de que as diferenças no fenótipo têm relação direta com o as variações no intelecto e nas habilidades das pessoas. Importa ressaltar que, embora a validade científica de "raça" seja contestada, atualmente a classificação conforme as diferenças físicas conserva uma força que não se pode questionar; essa força provém da visibilidade dos traços físicos. O que significa dizer que "raça" possui um caráter eminentemente social e funciona como uma pedra angular a estruturar a edificação das relações sociais de determinadas sociedades. "Raça" é um conceito arbitrário, fluido e mutável ao longo da história.

Em suma, o conceito de raça deve ser entendido como um constructo social, que engloba em sua constituição histórica uma dimensão que é também biológica, não no sentido de que seja uma realidade que explique a diversidade humana e a divisão em raças estanques (MUNANGA, 2004, p. 22), mas no sentido de que produz a legitimidade dos efeitos da classificação racial universal estabelecida no século XVI a partir de uma concepção baseada nas relações de poder que se estabeleceram no mundo com o colonialismo e que geraram um padrão de poder e de distinção hierárquica entre as raças, e consequentemente um sistema definidor de subalternidades.

Referências

AMADOR DE DEUS, Z. *Os herdeiros de Ananse*: movimento negro, ações afirmativas, cotas para negros na Universidade. 2008. Tese (Doutorado em Ciências Sociais) – Programa de Pós-Graduação em Ciências Sociais, Universidade Federal do Pará, Belém, 2008.

BALANDIER, G. *As dinâmicas sociais*: sentido e poder. Tradução de Gisela Stock e Hélio de Souza. São Paulo; Rio de Janeiro: DIFEL, 1976.

BOBBIO, N.; MATTEUCCI, N.; PASQUINO, G. *Dicionário de política*. Brasília: Editora UnB, 1998. v. II.

CASHMORE, E. *et al. Dicionário de relações étnicas e raciais*. Tradução de Dinah Kleve. São Paulo: Summus, 2000.

FANON, F. *Os condenados da terra*. Tradução de José Laurênio de Melo. Rio de Janeiro: Civilização Brasileira, 1979.

FOUCAULT, M. *Em defesa da sociedade*: curso no Collège de France (1975-1976). São Paulo: Martins Fontes, 1999.

GUIBERNAU, M. *Nacionalismos*: o estado nacional e o nacionalismo no século XX. Tradução de Mauro Gama e Claudia Martinelli Gama. Rio de Janeiro: Zahar, 1997.

HALL, S. Questão multicultural. In: SOVIK, Liv (Org.). *Da diáspora*: identidades e mediações culturais. Tradução de Adelaine La Guardia Resende. Belo Horizonte: UFMG, 2003. p. 277-286.

MEMMI, A. *Retrato do colonizado precedido pelo retrato do colonizador*. Rio de Janeiro: Paz e Terra, 1989.

MOORE, C. *Racismo e sociedade*: novas bases epistemológicas para entender o racismo. Belo Horizonte: Mazza, 2007.

MUNANGA, K. Uma abordagem conceitual das noções de raça e etnia, racismo, identidade e etnia. *Cadernos PENESB*. Niterói: EdUFF, 2004.

MUNANGA, K. *Palestra*. Mesa Redonda – Ações Afirmativas. In: CONFERÊNCIA DE INTELECTUAIS DA ÁFRICA E DA AFRO-DIÁSPORA (CIAD), 2., 2006, Salvador. *Anais eletrônicos*.... Salvador: Centro de Convenções de Salvador, 2006. Disponível em: <https://bit.ly/38MH3ZO>. Acesso em: 14 fev. 2010.

NASCIMENTO, E. L. do. *O sortilégio da cor*: identidade raça e gênero no Brasil. São Paulo: Summus, 2003.

WESSELING, H. L. *Dividir para dominar*. Rio de Janeiro: UFRJ; Revan, 1998.

A travessia: a saga do movimento negro brasileiro contemporâneo[1]

Introdução

Neste momento, assumo o papel de narradora-testemunha para contar, de forma breve, um episódio da saga do movimento negro brasileiro contemporâneo. A saga a que me refiro diz respeito à "invenção" do 20 de novembro como data significativa para o movimento e à forma como Zumbi, líder do Quilombo dos Palmares, foi pinçado das profundezas da história para ser símbolo de liberdade e marco zero da construção de uma nova identidade coletiva dos herdeiros de Ananse.

Devo dizer que, para a afirmação de alguns conceitos utilizados ao longo desta narrativa, estarei apoiada em autores que serão chamados à cena quando necessário. Assumirei o papel de uma narradora que, com certo privilégio, participou do espetáculo – e não como espectadora, mas como personagem envolvida na cena. E, mesmo quando espectadora, o que pode ter acontecido algumas vezes, sempre interferindo aqui ou ali – como faz o espectador que deve intervir na ação, de acordo com a proposta de Augusto Boal (2008), no *Teatro do oprimido*.[2] O relato é composto de três estações, cada uma delas contendo um número de cenas variado.

---

[1] Artigo apresentado no GT 02 – Movimentos sociais e lutas socioterritoriais: olhares sobre a África e a América Latina, durante o II Seminário Internacional América Latina: políticas e conflitos contemporâneos, de 27 a 29 de novembro de 2017, no Centro de Eventos Benedito Nunes, na Universidade Federal do Pará, em Belém.

[2] Augusto Boal, autor e diretor teatral, ligado ao grupo Teatro de Arena de São Paulo. Boal, perseguido pela ditadura militar, como muitos intelectuais questionadores o foram, passa um período exilado. Em seu exílio, elabora uma proposta estética de teatro para a América Latina, fundada na pressão sofrida por esse território. A tal estética ele atribui o significativo nome de estética do Teatro do Oprimido. A proposta foi publicada em *O teatro do oprimido e outras poéticas políticas*.

Primeira estação: o 20 de novembro

Antecedentes

Os antecedentes históricos, políticos, econômicos e sociais da construção dessa saga estão alhures. Vou me ater aos mais recentes para contextualizar o fato. Em raros momentos, terei que me distanciar um pouco mais na história, seja para falar de Zumbi e do Quilombo dos Palmares, seja para falar do conceito de negritude elaborado pelos antilhanos. No mais, os antecedentes históricos não serão distantes no tempo, e servirão para contextualizar a ação dramática. Os antecedentes a que me refiro são a ditadura militar, instalada no Brasil com o golpe de 1964, e o Maio de 1968, na França. Naquele maio, os ideais utópicos de liberdade efervescem e se espalham pelo mundo, respingando no Brasil. Passeatas estudantis passam a agitar o cenário sobre o qual paira uma atmosfera de receio e medo da repressiva ditadura militar. Mas, para além do medo, é preciso ousar! É preciso desafiar o regime! Os partidos de esquerda – colocados à força na clandestinidade – continuam atuando e se articulam ao movimento estudantil, ampliando seus quadros. A arte é chamada à cena para falar. Se não se pode falar abertamente, que se fale pela via da metáfora artística.

Cena 1: E o 13 se fez 20

Upa! Tem "neguinho na estrada", e, ainda mais, tem "estatuinha" que afirma: "Se a mão livre do negro" se dispuser a fazer, ela faz. Ela é capaz de criar, e, portanto, o sujeito de mão tão criativa será capaz de tornar-se sujeito de sua própria história. Então, vamos a ela:

Palmares, segundo Freitas (1990), era uma república capaz de abrigar os deserdados do sistema: negros, indígenas e brancos desertores. Do ponto de vista da organização, Palmares era constituído de vários povoados, e cada um possuía um chefe, que era escolhido pelos méritos da força, inteligência e destreza. Os chefes eram controlados por um conselho, e as decisões mais importantes eram tomadas em assembleias gerais, das quais participavam todos os habitantes adultos. Com o aumento da população em Palmares, a atividade produtiva foi se diversificando, e a economia foi se tornando complexa. Além da agricultura (policultura), se tem notícia de que trabalhavam com o ferro. Existia em Palmares o trabalho com forja. Décio Freitas (1990) se refere a isso ressaltando o pânico dos governadores de Pernambuco quando se soube da existência de oficinas de ferreiros em Palmares, sobretudo por causa da possibilidade de confecção de armas.

Segunda estação: nação e culturas nacionais

Cena 1: Um convite à reflexão

E é exatamente aproveitando a fenda que se abre no tecido da narrativa pedagógica de nação que o fio/ação movimento negro brasileiro insere a figura de Zumbi dos Palmares. Um símbolo capaz de elaborar uma narrativa de liberdade, uma vez que o dia 13 de maio, data da abolição da escravatura, e a figura da "redentora princesa Isabel", inscritos no tempo "pedagógico" e linear, não foram suficientes. Não deram conta de resolver a situação de subalternidade dos descendentes dos africanos trazidos para o Brasil na condição de escravos.

Cena 2: Identidade nacional

Essa reflexão nos conduz, inevitavelmente, ao debate sempre revisitado de identidade nacional, e, neste caso, busco o auxílio de Renato Ortiz, que, em sua obra *Cultura e identidade nacional* (1986), afirma que não existe uma identidade nacional autêntica. Para ele, o que existe é:

> [...] uma pluralidade de identidades construídas por diferentes grupos sociais em diferentes momentos históricos, portanto, a identidade não pode ser entendida como algo imóvel, imutável, que se almeje atingir, pois se assim o fosse tratar-se-ia de uma ideologia, a identidade deve ser entendida como um conceito aberto, como síntese inacabada, que se institui simbolicamente no percurso dos vários movimentos que a constituem (Ortiz, 1986, p. 19).

Renato Ortiz (1986) situa a identidade perseguida por grupos negros em um espaço multidimensional no qual a identidade negra se põe como uma das dimensões. Será apenas por meio da organização, da justaposição de certo número dessas dimensões, que se construirá uma identidade, o que implica dizer que esta, assim como a individualidade, é uma estrutura, construção que resulta de uma verdadeira *bricolage*. "A identidade não é fim nem começo; ela se situa no próprio processo de sua construção" (Ortiz, 1986, p. 138).

Dando continuação ao tema da identidade, peço a ajuda de Manuela Carneiro da Cunha, que, ao refletir sobre a etnicidade, parte do princípio de que a identidade é constituída de forma situacional e contrativa, ou seja, "que ela constitui resposta política a uma conjuntura, resposta articulada com as outras identidades em jogo, com as quais se forma um sistema. É uma estratégia de diferenças" (CUNHA, 1985 *apud* ORTIZ, 1986, p. 139).

Portanto, a construção da identidade coletiva de um grupo é forjada em um jogo de relações conflituosas no qual o dito grupo, para se afirmar, busca algo em comum capaz de uni-lo. Manuela Carneiro da Cunha (1985), em *Negros, estrangeiros: os escravos libertos e sua volta à África*, demonstra o processo que aconteceu com os africanos que, escravizados no Brasil, retornaram à África, sobretudo, à região do Golfo do Benin. Esses africanos passaram a se identificar como brasileiros. Cultivavam a língua portuguesa, celebravam várias "tradições" que os iria identificar coletivamente.

Ressalto que, sobre os brasileiros na África, Milton Guran (2000) publicou uma obra denominada *Agudás*, ou "amaros", nomes pelos quais são reconhecidos, ainda hoje, os descendentes dos "retornados"[3] em Benin. Conforme aponta Manuela Carneiro da Cunha (1985), a noção de partilha de uma determinada experiência histórica será o polo unificador do grupo. Na mesma linha, Stuart Hall (2000, p. 108) remete identidade cultural "àquele eu coletivo ou verdadeiro que se esconde dentro de muitos eus – mais superficiais ou artificialmente impostos – que um povo, com uma história e uma ancestralidade partilhadas, mantém em comum".

Desse ponto de vista, a identidade cultural se faz um eu coletivo capaz de estabilizar, fixar ou garantir o pertencimento cultural ou uma "unidade". O eco de uma consciência negra que ressurge em um discurso engajado na luta contra a opressão – reivindicando igualdade de tratamento, denunciando o "mito da democracia" e buscando elaborar uma narrativa de libertação cujo símbolo é Zumbi – se constituirá no marco zero da construção dessa identidade coletiva. São as vozes dissonantes que caminharam à margem do "discurso" elaborado no "tempo pedagógico"

---

[3] Sobre o assunto, outros autores já se pronunciaram. Entre eles, destaco: Alberto Costa e Silva, Pierre Verger – com sua obra *Fluxo e refluxo do tráfico de escravos entre o Golfo do Benin e a Bahia de Todos os Santos* – e Manuela Carneiro – com o já citado *Negros, Estrangeiros: os Escravos Libertos e sua volta à África*.

da nação que, em um determinado momento, irrompem em um "discurso" que se aproveita da fissura do "tempo performativo".

Renato Ortiz (1986), ao propor o debate sobre identidade nacional, destaca o papel dos intelectuais como mediadores desse processo de construção, e o exemplo citado por ele é exatamente o fio/ação movimento da negritude. Nesse particular, faço uma analogia com o fio/ação movimento negro brasileiro da atualidade:

> O movimento da negritude só pôde surgir no momento em que um grupo de intelectuais tomou como objeto de reflexão a condição do negro diante do homem branco. Césaire, Senghor, Diop são intelectuais que se voltam para a África na busca de uma identidade negra que é, no entanto, algo virtual. Isto é, eles tomam a cultura negra e constroem uma identidade étnica que se contrapõe à dominação branca (ORTIZ, 1986, p. 141).

Nessa linha, o fio/ação movimento negro da atualidade opera de maneira análoga. Ou seja, busca formas concretas de expressões culturais para integrá-las e reinterpretá-las dentro de uma perspectiva mais ampla. A cultura afro-brasileira, conforme aponta Ortiz,

> não é simplesmente vivenciada na sua particularidade, mas o singular passa a definir uma instância mais generalizada do conhecimento. Ao integrar em um todo coerente as peças fragmentadas da história negra – candomblé, quilombo, capoeira – os intelectuais (agentes) constroem uma identidade negra que unifica os atores que se encontravam anteriormente separados. A identidade é, nesse sentido, elemento de unificação das partes, assim como fundamento para a ação política (ORTIZ, 1986, p. 141).

Terceira estação: a consolidação do 20

Cena 1: E surge o MNUCDR

Neste momento, passo a palavra a Hamilton Cardoso. Em artigo publicado na revista *Afrodiáspora*, ele documenta o lançamento do Movimento Negro Unificado Contra a Discriminação Racial (MNUCDR):

> Logo após as greves operárias de 1978, no dia 7 de julho, às 19 horas, três mil negros reuniram-se diante do Teatro Municipal de São Paulo e

disseram "Sim" à sua história, através de um sonoro "Não" ao racismo. Inesperadamente, como os operários de braços caídos do ABC de 1977, radicais como os afro-americanos do norte, decididos como a libertação africana, revoltados e expressando a nova consciência nacional como a maioria dos brasileiros, cercados por policiais como todos os oprimidos. Disseram "não" ao regime militar. Disseram "não" à super exploração capitalista. Disseram "não" ao racismo. Disseram "sim" à sua independência e à igualdade racial (CARDOSO, 1984, p. 28).

No evento de lançamento do MNUCDR, que vai ficar conhecido nacionalmente como MNU, é veiculado o manifesto do grupo que, entre outras questões, cria o dia 20 de novembro como Dia Nacional da Consciência Negra e institui o 13 de maio como Dia Nacional de Denúncia do Racismo. Segundo Hamilton Cardoso (1984), a receptividade do movimento, que se quer nacional, é muito grande entre os negros brasileiros, tanto assim que, em um espaço de três meses após o ato de lançamento, o movimento, talvez por sua legitimidade, espalhou-se pelo país. Além de São Paulo, chegou ao Rio de Janeiro, Minas Gerais, Bahia e Espírito Santo, e contava com simpatizantes em Brasília, Rio Grande do Sul, Santa Catarina, Pernambuco e Maranhão.

A atmosfera política em que vivia o país permitiu o ressurgimento dos movimentos sociais que haviam sido sufocados pela intensa repressão. É nesse bojo, portanto, que ressurge o movimento negro brasileiro contemporâneo. Trata-se da época da "abertura política", período em que a ditadura militar, sob o comando do General Ernesto Geisel, se dispõe a implantar o processo de abertura, que deve ser lento e gradual, como pregam os militares. Se é verdade que o MNU não marcou presença em todas as unidades da federação, é verdade também que em todos os estados brasileiros, no mesmo período, surgiram organizações do fio/ação movimento negro. Algumas permanecem até o momento presente, como o Centro de Cultura Negra do Maranhão (CCN/MA), o Centro de Estudos e Defesa do Negro do Pará (CEDENPA), e muitas outras espalhadas pelo país inteiro.

A grande novidade é que esse fio/ação de Ananse que ressurge possui um caráter político-reivindicativo muito forte. Devo dizer que, embora a data do 20 de novembro já venha sendo celebrada em diversos lugares no país, desde o início da década de 1970, o manifesto do MNU não faz nenhuma referência à origem da proposta e, inclusive em publicação quando do aniversário de 20 anos do MNU, em 1998, continua o silêncio sobre o achado do poeta Oliveira Silveira. O silêncio só é rompido com o historiador mineiro Marcos Antônio Cardoso, militante do fio/ação movimento negro que, ao reconstituir a trajetória do dia 20 de novembro em sua dissertação, faz jus ao grupo Palmares e ao poeta Oliveira Silveira, destacando a atuação do grupo no conjunto das ações do movimento negro. O fio/ação movimento negro contemporâneo ressurge em uma época em que a influência internacional, quer das Antilhas e da África das independências, quer dos Estados Unidos, propicia uma espécie de revigoramento aos herdeiros de Ananse brasileiros. O 20 de novembro, portanto, surge como polo aglutinador; é uma motivação nacional, afro-brasileira, negra.

Cena 2: Negritude presente

Nesta cena, quero recuperar um pouco da trajetória da negritude brasileira e de seu diálogo com a negritude transnacional. A noção de denominadores comuns capazes de transcender a mera noção do fenótipo quer ir além. Quer transcender tecendo uma noção de partilha de determinadas situações históricas que se caracterizem pela reivindicação de valores próprios e avalizem a ação e o discurso do fio/ação movimento negro que ressurge no final da década de 1970. É nessa esteira que esse fio/ação do Brasil se articula com o fio/ação movimento negro internacional, particularmente com os negros norte-americanos, com o Caribe e com as lutas de independência da África, rompendo, assim as fronteiras locais.

Hoje, as fronteiras estão bem mais abertas, e isso se tornou bastante evidente durante o processo preparatório para a III Conferência Contra o Racismo, Discriminação Racial, Xenofobia e Intolerância Correlata, que aconteceu em Durban, na África do Sul, em 2001. E, ainda mais recentemente – julho de 2006 –, em Salvador, Bahia, quando da II Conferência de Intelectuais da África e da Diáspora.

O que pretendo recuperar, neste ponto, é o sentimento de negritude, uma ressignificação do conceito desenvolvido por Césaire. Tento recuperar o sentimento interior de recusa aos valores do colonizador e, ao mesmo tempo, a reivindicação de abertura de espaço na cena para que os negros possam reencontrar suas subjetividades.

Tal sentimento vai estar presente em diversos momentos da história brasileira, como se pode verificar na publicação fac-símile do jornal

Quilombo, dirigido por Abdias do Nascimento, abrangendo o período de dezembro de 1948 a julho de 1950. O jornal era a publicação do Teatro Experimental do Negro, grupo fundado em 1944 e dirigido, também, por Abdias do Nascimento com a finalidade de abrir as portas da cena do teatro brasileiro para atores negros e atrizes negras.

Cena 3: E a luta...

O fio/ação movimento negro brasileiro contemporâneo, ao construir a saga que acabei de contar, lança mão de alguns fragmentos que compõem o mosaico da cultura de seus ancestrais.

É nessa esteira que, no bojo desse processo, para dar mais coesão à saga, entram em cena os remanescentes de quilombos. Saindo de séculos de "invisibilidade" para reivindicar a titulação de suas terras e o reconhecimento de seus territórios. Assim, ampliam a rede das teias de Ananse, elaborando mais um episódio da narrativa, partilhando experiências históricas semelhantes, buscando laços de solidariedade, construindo relações de tecnicidade que se encontram em pleno processo.

Desse modo, encerro este capítulo, porém não sem antes recorrer mais uma vez a Homi Bhabha, inspirado em Frantz Fanon:

> A crítica feita por Fanon das formas fixas e estáveis da narrativa nacionalista torna imperativo questionar as teorias ocidentais do tempo horizontal, homogêneo e vazio da narrativa de nação. Será que a linguagem da instabilidade oculta da cultura tem pertinência fora da situação de luta anticolonial? Será que o incomensurável ato de viver – frequentemente descartado como ético ou empírico – tem sua própria narrativa ambivalente, sua própria história da teoria? Ele pode modificar a maneira como identificamos a estrutura simbólica da nação ocidental? (BHABHA, 1998, p. 223).

Portanto, guiada pelos fios das teias de Ananse, sigo em frente na elaboração de mais uma versão do protagonismo dos herdeiros da deusa Aranã. A cena, portanto, está aberta, e a narrativa, inacabada.

Referências

APPADURAI, A. *Dimensões culturais da globalização*: a modernidade sem peias. Tradução de Telma Costa. Revisão científica de Conceição Moreira. Lisboa: Editorial Teorema, 2004.

CARDOSO, H. Movimentos negros: é preciso. *Afrodiáspora: Revista Trimestral do Mundo Negro*, Rio de Janeiro, n. 3, 1984.

CARNEIRO, E. *Quilombo dos Palmares*. São Paulo: Martins Fontes, 2011.

CARVALHO, J. M. *A formação das almas*: o imaginário da república no Brasil. São Paulo: Companhia das Letras, 1990.

CUNHA, M. C. da. *Negros, estrangeiros*: os escravos libertos e sua volta à África. São Paulo: Companhia das Letras, 1985.

BHABHA, H. K. *O local da cultura*. Belo Horizonte: Editora UFMG, 1998.

BOAL, A. *Teatro do oprimido e outras poéticas políticas*. Rio de Janeiro: Civilização Brasileira, 2008.

FREITAS, D. *Palmares: a guerra dos escravos*. Rio de Janeiro: Graal, 1990.

GURAN, M. *Os agudas*: os "brasileiros" do Benin. Rio de Janeiro: Nova Fronteira, 2000.

HALL, S. *A identidade cultural na pós-modernidade*. São Paulo: DP&A, 2003.

HALL, S. Quem precisa da identidade?. In: SILVA, T. T. (Org.). *Identidade e diferença*: a perspectiva dos estudos culturais. Petrópolis: Vozes, 2000. p. 108-134.

MOURA, C. *Quilombos: resistência ao escravismo*. São Paulo: Ática, 1993.

ORTIZ, R. *Cultura brasileira e identidade nacional*. São Paulo: Brasiliense, 1986.

OLIVEIRA, S. Depoimento. *Revista do Instituto Nacional de Estudos e Pesquisas Educacionais Anísio Teixeira (INEP)*, Brasília, v. 93, n. 233, p. 20-35, jan./abr. 2003.

Políticas de ação afirmativa
como estratégia de construção da igualdade racial[1]

Primeiras palavras

Neste momento, inicio minha fala reiterando o que antes foi afirmado por Luiz Alberto Gonçalves: "A Fúlvia[2] faz falta", pois falar dos trinta anos do Seminário Raça Negra e Educação sem lembrar-se de Fúlvia é impossível. Após essa reflexão, inicio minha participação esclarecendo que falo não apenas como professora da Academia, mas também a partir das experiências adquiridas na luta contra o racismo. Seguindo a postura metodológica de Fischer (2016), posso dizer que meu texto tem o caráter de uma autobiografia etnográfica, qual seja, uma autobiografia que discute de modo crítico e minucioso os aspectos socioculturais dos quais minha trajetória de vida é indissociável.

Nesse sentido, é desse lugar que enfoco as relações raciais no Brasil contemporâneo para falar do papel do movimento negro para a construção das políticas de ação afirmativa e de todo o processo que o Estado brasileiro denomina de "políticas de promoção da igualdade racial", e que nós, do movimento negro, chamamos de combate ao racismo e eliminação da discriminação racial. Desse modo, creio haver estabelecido o *lugar* de onde falo. Significa dizer que não falo na condição de espectadora, mas falo como *parte* envolvida no processo.

---

[1] Artigo originalmente publicado em: *Revista da ABPN*, Goiânia, v. 11, Ed. Especial, p. 87-100, abr. 2019.

[2] Fúlvia Rosemberg, pesquisadora da Fundação Carlos Chagas, docente titular da Pontifícia Universidade Católica de São Paulo (PUC-SP). Especializou-se nos estudos das relações raciais, relações de gênero, relações de idade e políticas de ação afirmativa. Fúlvia esteve envolvida no processo de organização do Seminário Raça Negra e Educação, realizado em 1988.

Nessa perspectiva, falar de política de ação afirmativa é falar de um processo de luta aquém dos trinta anos que estamos aqui para celebrar.

Com efeito, volto às políticas de ação afirmativa, particularmente cotas para negros(as) na universidade. A presença negra nas universidades – ao contrário do que pensaram os signatários dos dois manifestos anticotas, que diziam que as "cotas iriam acirrar o racismo" – pode se tornar um motor gerador de um dinamismo interno nas Academias, capaz de produzir um futuro promissor. Para tanto, é necessário que o mecanismo do sistema de "cotas" para negros nas Instituições de Ensino Superior (IES) atinja o objetivo de aumentar essa presença negra no espaço acadêmico visando desconstruir o discurso dominante. Sem sombra de dúvidas, essa presença aumentou, e isso pode ser mensurado pelo número de coletivos de negros e negras hoje existentes nas universidades federais.

Portanto, "enegrecer" o espaço acadêmico, foi a grande tarefa desempenhada pelo movimento negro, que culminou com a aprovação do Projeto de Lei n.º 12.711, de 29 de agosto de 2012. Nessa linha de raciocínio, digo que o movimento negro foi sagaz, no sentido de aproveitar o contexto pós-Durban e, daquele momento em diante, manter o foco aproveitando-se de todas as brechas e fendas abertas pelos mecanismos criados pelos brancos e para os brancos. Aqui, me refiro à Declaração Universal dos Direitos Humanos, trazendo à tona a criação, pela Organização das Nações Unidas (ONU), do Direito Internacional dos Direitos Humanos.

Ainda nessa linha de raciocínio, ouso dizer que a Marcha de 1995, "300 anos de Zumbi pela cidadania e pela vida", encontra-se ancorada na cobrança do papel do Estado brasileiro de garantir a execução de políticas públicas de combate ao racismo e a eliminação da discriminação racial. Isso sem perder de vista a base legítima dessa cobrança, a saber, a Convenção Internacional sobre a Eliminação de Todas as Formas de Discriminação Racial (CERD), sobretudo com o apoio do preâmbulo do referido instrumento.

Ação afirmativa e direito internacional dos direitos humanos

A partir da Declaração Universal dos Direitos Humanos, começa a se desenvolver o Direito Internacional dos Direitos Humanos, mediante a adoção de inúmeros instrumentos internacionais de proteção. Aqui, cabe ressaltar que a Declaração de 1948 introduz a chamada concepção contemporânea de direitos humanos, marcada pela universalidade e indivisibilidade desses direitos. Universalidade porque clama pela extensão universal dos direitos humanos, a partir do entendimento de que a condição de pessoa é o requisito único para a titularidade de direitos, considerando o ser humano como um ser essencialmente moral, dotado de unicidade existencial e dignidade. Indivisibilidade porque o catálogo dos direitos civis e políticos é conjugado ao catálogo dos direitos econômicos, sociais e culturais. O processo de universalização dos direitos humanos permitiu a formação de um sistema internacional desses direitos. Esse sistema é integrado por tratados internacionais voltados à proteção de direitos fundamentais.

A primeira fase da proteção dos direitos humanos foi marcada pela tônica da proteção geral com base na igualdade formal. Essa fase expressa o temor à diferença que no nazismo havia sido orientada para o extermínio. Aqui, é importante ressaltar que os horrores da Segunda Guerra Mundial provocaram o temor da repetição de um novo holocausto, o que vai inspirar a Declaração Universal dos Direitos Humanos. Não é demais lembrar que o que aconteceu durante o período do nazismo já havia acontecido na colonização europeia das Américas e no processo de escravização dos povos indígenas e dos africanos. Contudo, a questão que se põe agora é que, antes, as vítimas eram os "outros", e o solo não era o europeu. O horror do extermínio nazista se explica pela possibilidade maior de um processo de identificação com o "outro" exterminado. Razão pela qual a diferença se faz tão temida e não pode ser assimilada em pouco tempo.

Contudo, com o passar do tempo, percebe-se que tratar o indivíduo de forma abstrata e genérica não é suficiente. Cada indivíduo, para ter os direitos fundamentais garantidos, tem que ser entendido em sua particularidade e especificidade. Isso porque determinadas violações de direitos carecem de medidas específicas para serem reparadas. Caso contrário, corre-se o risco de a medida não alcançar o sujeito de direitos em sua plenitude. Significa dizer que, a partir desse ponto de vista, a diferença que fora utilizada para que se aniquilasse direitos, inclusive o direito à vida, assumirá outra dimensão. Ou seja, nesse novo contexto, a diferença não mais deverá ser utilizada para a aniquilação de direitos, mas, ao contrário, deve ser entendida e levada em consideração para a promoção destes. Nessa perspectiva, ao lado da promoção da igualdade, surge, como direito fundamental, o direito à diferença. Importa o respeito à diferença e à diversidade, o que assegurará, a determinados grupos, um tratamento especial.

A partir desse momento, faz-se necessária a especificação do sujeito de direito, que passa a ser visto em sua peculiaridade e particularidade. Melhor dizendo, percebe-se a necessidade de conferir a determinados grupos uma proteção especial e particularizada. Os grupos que carecem dessa proteção particularizada são aqueles vítimas de discriminações. A discriminação, suprimindo direitos fundamentais, os coloca em situação de vulnerabilidade. É nesse cenário que negros, povos indígenas, mulheres, crianças e demais grupos passarão a ser vistos nas especificidades e peculiaridades de sua condição. A cena, portanto, está pronta para que seja adotada uma nova concepção de igualdade. Nesse caso, uma concepção substancial da igualdade, a igualdade material.

A partir do redimensionamento do conceito de igualdade, passa-se a destacar três de suas vertentes. A igualdade formal – "todos são iguais perante a lei". A igualdade material correspondente ao ideal de justiça social e distributiva, orientada pelo critério socioeconômico. E a igualdade material correspondente ao ideal de justiça enquanto reconhecimento de identidades. Esta última orienta-se pelos critérios de gênero, raça, etnia, idade, orientação sexual e outros que possam ter sido utilizados para justificar discriminações.

É importante ressaltar também que a igualdade material com base no ideal de justiça enquanto reconhecimento de identidades apresenta o caráter bidimensional da justiça: a justiça enquanto redistribuição e a justiça enquanto reconhecimento. Desse ponto de vista, a justiça só será completa em sua bidimensionalidade. Nessa perspectiva, Boaventura de Sousa Santos (2006, p. 313) observa: "Uma política de igualdade que desconhece ou descaracteriza as diferenças [...] é, de fato, uma política racista [...], pois o racismo tanto se afirma pela absolutização das diferenças como pela negação das diferenças".

Boaventura de Sousa Santos (2006, p. 316) prossegue: "Temos o direito a ser iguais sempre que a diferença nos inferioriza; temos o direito a ser diferentes sempre que a igualdade nos descaracteriza".

Retomando as estratégias, é importante dizer que é nesse novo contexto que as Nações Unidas aprovam, em 1965, a CERD. Sobre essa Convenção e seu processo de ratificação no Brasil, falei anteriormente. Contudo, não posso deixar de ressaltar a importância do preâmbulo da Convenção.

> Considerando que a Carta das Nações Unidas baseia-se em princípios de dignidade e igualdade. Princípios inerentes a todos os seres humanos. Todos os Estados-membros comprometem-se a tomar medidas separadas e conjuntas, em cooperação com a organização, para consecução de um dos propósitos das Nações Unidas, que é promover e encorajar o respeito universal e a observância dos direitos fundamentais para todos, sem discriminação de raça, sexo, idioma ou religião. [...] Convencidos de que a doutrina da superioridade baseada em diferenças raciais é cientificamente falsa, moralmente condenável, socialmente injusta e perigosa, e que não existe justificação para a discriminação racial, em teoria ou na prática, em lugar algum (ONU, 1998, p. 122).

A Convenção também aponta para a urgência da adoção de medidas necessárias para que se elimine a discriminação racial em todas as suas formas e manifestações. E, portanto, os Estados-membros, em conjunto ou separadamente, devem envidar esforços para prevenir e combater práticas racistas. Nesse particular, não é demais lembrar que o Brasil é signatário da Convenção e que ela foi ratificada pelo Parlamento Brasileiro em 1968. Por esse motivo, o Brasil, a partir daquele momento, assumiu o compromisso de cumprir, em relação à população negra, o disposto no documento de que é signatário, conforme se observa no item 4 do Artigo 1º:

> Não serão consideradas discriminação racial as medidas especiais tomadas com o único objetivo de assegurar o progresso adequado de certos grupos raciais ou étnicos ou de indivíduos que necessitem de proteção que possa ser necessária para proporcionar a tais grupos ou indivíduos igual gozo ou exercício de direitos humanos e liberdades fundamentais, contanto que tais medidas não conduzam, em consequência, à manutenção de direitos separados para diferentes grupos raciais e não prossigam após terem atingido os seus objetivos (ONU, 1998, p. 52).

Ressalto ainda que o Artigo 1º do referido instrumento (ONU, 1998, p. 125) institui o conceito de discriminação como "qualquer distinção, exclusão ou preferência baseada em raça, cor, descendência, origem nacional ou etnia que tenha o propósito ou o efeito de prejudicar o reconhecimento, gozo ou exercício em pé de igualdade de direitos humanos e liberdades fundamentais".

Nessa perspectiva, é essa mesma lógica que servirá de inspiração para definir discriminação contra a mulher quando foi adotada pelas Nações Unidas, em 1979, a Convenção sobre a Eliminação de Todas as Formas de Discriminação contra a Mulher (Committee on the Elimination of Discrimination Against Women – CEDAW).

É também essa mesma lógica que irá inspirar todos os instrumentos voltados para a proteção de direitos relativos a grupos considerados em situação de vulnerabilidade cuja diferença precise ser ressaltada e respeitada. Desse ponto de vista, crianças, adolescentes, idosos, povos indígenas e outros terão que ser entendidos conforme suas especificidades. No âmbito do Direito Internacional dos Direitos Humanos – segmento especializado do Direito Internacional Público –, há diversos instrumentos de proteção de direitos fundamentais que, além de proibirem toda forma de discriminação, também preveem a adoção de políticas de promoção da igualdade dos grupos tornados vulneráveis. Tais instrumentos (tratados, convenções, pactos, etc.) assumem uma dupla importância: consolidam parâmetros internacionais mínimos concernentes à proteção da dignidade humana e asseguram uma instância internacional de proteção de direitos quando as instituições nacionais mostrarem-se falhas ou omissas.

Essa linha de raciocínio também tem inspirado os diversos estatutos de proteção de direitos violados que têm sido aprovados pelo Congresso Brasileiro. Entretanto, na medida em que se parte do princípio de que a discriminação suprime direitos fundamentais, há que se apontar a forma de combatê-la e eliminá-la. Quero dizer com isso que terá que haver definição das estratégias a serem utilizadas. Nesse sentido, no âmbito do Direito Internacional dos Direitos Humanos, destacam-se três eixos: proteção, valorização e promoção. Em torno desses eixos se estabelecem duas estratégias. As estratégias, portanto, têm a função de fazer com que a letra da lei se transforme em realidade na prática cotidiana dos sujeitos.

Nessa linha, se estabeleceram duas importantes estratégias: a estratégia repressivo-punitiva e a estratégia promocional.

A estratégia repressivo-punitiva tem por objetivo punir, proibir e eliminar a discriminação. Nesse particular se incluem todas as legislações que punem a discriminação racial. Sob essa perspectiva, no que diz respeito à questão racial, no Brasil, contamos com a Lei n.º 7.716/1989, que ficou conhecida como Lei Caó, nome que recebeu em virtude de o projeto de lei haver sido proposto por Carlos Alberto de Oliveira, então deputado federal do PDT do Rio de Janeiro. Porém, a mera existência da lei não garante o fim da discriminação. Por esse motivo, é necessário que, ao lado dessa estratégia, caminhe a *estratégia promocional*, que tem por objetivo promover, fomentar e fazer avançar a igualdade. Essa estratégia aponta para a aplicação de políticas de ação afirmativa como forma concreta de combate ao racismo e à discriminação racial. Aqui, ressalto que a Lei n.º 10.639/03 se enquadra nessa estratégia.

Entretanto, devo salientar que a III Conferência Mundial Contra o Racismo, Discriminação Racial, Xenofobia e Intolerância Correlata, Conferência de Durban, 2001, tanto em sua declaração quanto em seu plano de ação, aponta para uma terceira estratégia, que é o estabelecimento de "recursos e medidas eficazes de reparação, ressarcimento, e indenização e outras medidas em níveis nacional, regional e internacional" (ORGANIZAÇÃO DAS NAÇÕES UNIDAS, 2011, p. 59).[3] A proposta de reparação/indenização ressurge na medida em que se tratava de um pleito transnacional. Um pleito que dizia respeito aos negros tanto do continente africano quanto da diáspora do continente americano. Nessa perspectiva, a estratégia de reparação entra no bojo das discussões dos Seminários Regionais Preparatórios para a Conferência Mundial. Nessa linha, no Seminário Regional de São Paulo, o intelectual ativista do movimento negro Helio Santos, em comunicação proferida no evento, nas considerações finais de sua participação, ao falar de inclusão, afirma:

> A essência do debate, hoje, sobre a questão da discriminação racial que se abate sobre a população negro-descendente (pretos mais pardos) no Brasil está centrada nas *políticas de reparação*. O país adentrará o

---

[3] Ver a Declaração de Durban em seus itens 98, 99 e 100, além dos itens 157, 158 e 159 do Programa de Ação (ORGANIZAÇÃO DAS NAÇÕES UNIDAS, 2011).

III milênio com um pesado déficit social. Um dos maiores do mundo. Todavia, se os estudos tomarem em conta os recortes – como demonstramos em algumas tabelas apresentadas neste texto – se evidenciarão de maneira nítida os danosos efeitos do longo escravismo brasileiro. Da mesma forma que se pode calcular os diferenciais de renda em função do binômio raça/cor, deve-se promover investimentos compensatórios no segmento negro-descendente. Trata-se – sim – de medida de justiça. Todavia, é ainda por este caminho que o país alavanca todo o seu potencial humano no sentido de emergir enquanto nação próspera, onde a riqueza possa ser melhor repartida. O desafio para o século XXI passa por aí. Trata-se de desenvolver uma cultura nova, até então ausente do cenário brasileiro; a da inclusão (SANTOS, 2001, p. 101-102, grifos do autor).

Seguindo a mesma linha, no dito Seminário, o também intelectual Valter Roberto Silvério, em sua comunicação "Políticas raciais compensatórias: o dilema brasileiro do século XXI", assinala:

Três são os argumentos mais usuais, na atualidade, daqueles que tentam se contrapor às propostas de implantação de políticas públicas preocupadas com reparações, compensações e ou ações afirmativas que visam assegurar o acesso de afrodescendentes a posições e postos estratégicos na sociedade brasileira (SILVÉRIO, 2001, p. 123).

Seguindo a mesma trilha, o historiador baiano Ubiratan Castro de Araújo, no Seminário Regional que aconteceu na cidade de Salvador, apresentou comunicação que versou sobre o tema "Reparação moral, responsabilidade pública e direito à igualdade de cidadãos negros no Brasil". Na ocasião, ele disse:

A reparação deve constituir-se em um novo pacto de convívio social expresso por um programa completo, nacional, de longa duração, onde estejam definidos os compromissos da República Federativa do Brasil para a erradicação da discriminação racial e do racismo no Brasil. Para que este plano se constitua em compromisso do Estado e não apenas de governo, é necessário que se crie através de lei ordinária uma Comissão Nacional de Reparação do Negro no Brasil, e que se defina a correspondente vinculação de recursos financeiros da receita da União (ARAÚJO, 2001, p. 322).

Ubiratan de Araújo (2001, p. 323) ainda aponta, na dita comunicação, os objetivos que o Estado brasileiro deve buscar alcançar na perspectiva de um Programa Nacional de Reparação no âmbito da recuperação da memória e história do povo negro no Brasil. Ele encerra sua participação afirmando: "Não podemos entrar no terceiro milênio fazendo de conta que não existiu a escravidão e que o Estado brasileiro nada deve aos seus cidadãos afrodescendentes".

Ainda na linha da reparação, o relatório brasileiro para a Conferência de Durban refere: "Criação de um fundo de reparação social gerido pelo governo e pela sociedade civil destinado a financiar políticas de cunho inclusivo no âmbito da educação" (CONFERÊNCIA..., 2001, p. 30). Continuando a trilha da reparação, a Declaração de Durban (2011) e seu programa de ação fazem afirmações de suma importância para fundamentar a estratégia de reparação:

> 12 – Reconhecemos que a escravidão e o tráfico escravo, incluindo o tráfico de escravos transatlântico, foram tragédias terríveis na história da humanidade, não apenas por sua barbárie abominável, mas também em termos de sua magnitude, natureza de organização e, especialmente, pela negação da essência das vítimas; ainda reconhecemos que a escravidão e o tráfico escravo são crimes contra a humanidade e assim devem sempre ser considerados, especialmente o tráfico de escravos transatlântico, estando entre as maiores manifestações e fontes de racismo, discriminação racial, xenofobia e intolerância correlata; e que os Africanos e afrodescendentes, Asiáticos e povos de origem asiática, bem como os povos indígenas foram e continuam a ser vítimas destes atos e de suas consequências;
>
> 13 – Reconhecemos que o colonialismo levou ao racismo, discriminação racial, xenofobia e intolerância correlata, e que os Africanos e afrodescendentes, os povos de origem asiática e os povos indígenas foram vítimas do colonialismo e continuam a ser vítimas de suas consequências. Reconhecemos o sofrimento causado pelo colonialismo e afirmamos que, onde e quando quer que tenham ocorrido, devem ser condenados e sua recorrência prevenida. Ainda lamentamos que os efeitos e a persistência dessas estruturas e práticas estejam entre os fatores que contribuem para a continuidade das desigualdades sociais e econômicas em muitas partes do mundo ainda hoje;
>
> 14 – Reconhecemos que o *apartheid* e o genocídio, nos termos do direito internacional, constituem crimes de lesa-humanidade e estão entre as maiores manifestações e fontes de racismo, discriminação racial, xenofobia e intolerância correlata; reconhecemos o mal

não-dito e o sofrimento causado por estes atos e afirmamos que onde e quando quer que tenham ocorrido, devem ser condenados e sua recorrência prevenida;

100 – Reconhecemos e profundamente lamentamos o sofrimento e os males não-ditos infligidos a milhões de homens, mulheres e crianças como resultado da escravidão, do tráfico de escravos transatlântico, do *apartheid*, do colonialismo, do genocídio e das tragédias do passado. Observamos ainda que alguns Estados tiveram a iniciativa de pedirem perdão e pagarem indenização, quando apropriado, pelas graves e enormes violações perpetradas;

158 – Reconhece que estas injustiças históricas têm inegavelmente contribuído para a pobreza, subdesenvolvimento, marginalização, exclusão social, disparidades econômicas, instabilidade e insegurança que afetam muitas pessoas em diferentes partes do mundo, em especial, nos países em desenvolvimento. A Conferência reconhece a necessidade de se desenvolverem programas para o desenvolvimento social e econômico destas sociedades e da Diáspora dentro de uma estrutura de uma nova parceria baseada no espírito de solidariedade e respeito mútuo nas seguintes áreas: Perdão da dívida; erradicação da pobreza; agricultura e segurança alimentar; governos transparentes e responsáveis; novas tecnologias de informação e comunicação; investimento na saúde (combater a AIDS); educação, capacitação e desenvolvimento cultural; desenvolvimento de infraestrutura e recursos humanos; facilitação de regressos ansiados e de reassentamentos de descendentes de africanos escravizados; assistência jurídica [...].

165 – Insta os Estados a reforçarem a proteção contra o racismo, discriminação racial, xenofobia e intolerância correlata assegurando que todas as pessoas tenham acesso aos remédios eficazes e a gozarem do direito de se dirigirem aos tribunais nacionais competentes e em outras instituições nacionais para solicitarem reparação ou satisfações justas e adequadas, pelos danos ocasionados por tais formas de discriminação. Enfatiza ainda a importância de que os denunciantes vítimas de atos de racismo e discriminação racial tenham acesso à proteção da lei e aos tribunais, e chama a atenção para a necessidade de que sejam amplamente divulgados os recursos jurídicos e outros remédios legais existentes, e de que sejam de fácil acesso, rápidos e não devem ser excessivamente complicados;

166 – Insta os Estados a adotarem as medidas necessárias, como previsto na legislação nacional, para assegurarem o direito das vítimas em

obterem reparação e satisfação justas e adequadas relativas aos atos de racismo, discriminação racial, xenofobia e intolerância correlata e a formularem medidas efetivas para a prevenção da repetição de tais atos (Declaração..., 2011, p. 8-58).

Observando-se o teor da Declaração e do Programa de Ação aprovados na III Conferência, identifica-se uma linha do direito internacional que responsabiliza os Estados que adotaram a escravidão. Nesse caso, a fundamentação das políticas de ação afirmativas é a justiça compensatória.

Considero que essa linha assumida pelo direito internacional rompe com um entendimento tradicional na forma de se pensar que a fundamentação das políticas de ação afirmativa na justiça compensatória seria possível apenas para os Estados que tiveram experiência com o racismo e a segregação racial previstos em leis. Esse ponto de vista pode ser percebido nas palavras do jurista Joaquim Barbosa Gomes (2001):

> Em regra, somente quem sofre diretamente o dano tem legitimidade para postular a respectiva compensação. Por outro lado, essa compensação só pode ser reivindicada de quem efetivamente praticou o ato ilícito que resultou no dano. Tais incongruências, exacerbadas pelo dogmatismo *outrancier* típico da *práxis* jurídica ortodoxa, finam por enfraquecer a tese compensatória como argumento legitimado das ações afirmativas (Gomes, 2001, p. 65).

O rompimento com a ortodoxia da *práxis* jurídica apresentado na Conferência de Durban é de fundamental importância para os movimentos negros, não apenas do Brasil, mas de toda a América Latina. Sociedades em que o racismo e a discriminação racial estruturaram as relações sociais, em que pese o fato de essas sociedades não possuírem um sistema legal constituído de segregação racial.

A Conferência de Durban aponta para que o Poder Legislativo das nações participantes do processo crie mecanismos legais que garantam a reparação, por parte dos Estados, dos prejuízos acumulados pelos negros e negras em decorrência do racismo, da discriminação racial, da escravidão e do tráfico transatlântico. Nessa perspectiva, o Projeto de Lei n.º 3.198/2000, do então deputado federal Paulo Paim (PT-RS), que institui o Estatuto da Igualdade Racial, foi construído à luz da estratégia de reparação. Com efeito, a proposta apresentada por Paulo Paim encontrou muitos entraves no Congresso e passou por vários processos de negociação. Enfim, foi aprovada em 20 de julho de 2010 (Lei n.º 12.288).

A Declaração e o Programa de Ação de Durban, no que tange à reparação, parece haver se inspirado no discurso de Abdias do Nascimento. Abdias, em pronunciamento de abertura da II Plenária Nacional de Entidades Negras rumo à III Conferência Mundial Contra o Racismo, Discriminação Racial, Xenofobia e Intolerância Correlata, que aconteceu no Rio de Janeiro em 11 de maio de 2001, afirma:

> Uma questão fundamental nessa Conferência será das reparações. Nossa posição é que o tráfico transatlântico de africanos escravizados, o colonialismo e o racismo configuram crimes contra a humanidade os quais produziram o enriquecimento injusto dos países colonialistas e das elites dominantes brancas de sociedades multirraciais. Reconhecido esse enriquecimento ilícito, está estabelecido o direito das vítimas à reparação, que tem três componentes: compensação, restituição e reabilitação; precisamos consignar esse direito na Declaração da III Conferência; para isso, é preciso uma articulação com os países africanos, que reivindicam a reparação na forma de uma transferência de riqueza das nações ricas do Ocidente em favor dos ex-colonizados, por meio do estabelecimento de um fundo internacional e uma comissão para a distribuição das reparações. Entretanto, a proposta dos países africanos não contempla ainda as vítimas da escravatura, do colonialismo e do racismo ao outro lado do oceano. Precisamos caminhar junto com eles, apoiando sua proposta de transferência de recursos e ampliando-a para incluir como beneficiários os povos afrodescendentes e indígenas nas Américas (NASCIMENTO, 2002, p. 348).

Nessa perspectiva, a título de reflexão, eu pergunto: reparação é o que falta ser feito?

Referências

ARAÚJO, U. C. Reparação moral, responsabilidade pública: direito à igualdade do cidadão negro no Brasil. In: SEMINÁRIOS REGIONAIS PREPARATÓRIOS PARA A CONFERÊNCIA MUNDIAL CONTRA O RACISMO, DISCRIMINAÇÃO RACIAL, XENOFOBIA E INTOLERÂNCIA CORRELATA, 2001, Brasília. *Anais...*. Brasília: Ministério da Justiça; Secretaria de Estado de Direitos Humanos, 2001. p. 315-324.

CONFERÊNCIA MUNDIAL DAS NAÇÕES UNIDAS CONTRA O RACISMO, DISCRIMINAÇÃO RACIAL, XENOFOBIA E INTOLERÂNCIA CORRELATA.

Relatório do Comitê Nacional para a Preparação da Participação Brasileira na III Conferência Mundial das Nações Unidas Contra o Racismo, Discriminação Racial, Xenofobia e Intolerância Correlata, Durban, 31 de agosto a 07 de setembro de 2001. Brasília: Ministério da Justiça; Secretaria de Estado de Direitos Humanos, 2001.

DECLARAÇÃO DE DURBAN. *Documento da Conferência Mundial Contra o Racismo, Discriminação Racial, Xenofobia e Intolerância Correlata.* Brasília: SEPPIR, 2011.

FANON, F. *Pele negra máscaras brancas.* Salvador: Fator, 1983.

FISCHER, M. A etnicidade e as artes pós-modernas da memória. In: CLIFFORD, J.; MARCUS, G. *A escrita da cultura: poética e política da etnografia.* Rio de Janeiro: EdUERJ; Papéis Selvagens Edições, 2016. p. 271-321.

GOMES, J. B. *Ação afirmativa e princípio constitucional da igualdade: o direito como instrumento de transformação social – a experiência dos EUA.* Rio de Janeiro: Renovar, 2001.

NASCIMENTO, A. *Quilombismo.* Brasília; Rio de Janeiro: Fundação Palmares, 2002.

ORGANIZAÇÃO DAS NAÇÕES UNIDAS (ONU). Convenção Internacional sobre a Eliminação de Todas as Formas de Discriminação Racial. In: BARSTED, L. L.; HERMANN, J.; MELLO, M. E. V. *As mulheres e a legislação contra o racismo.* Brasília: Ministério da Justiça; SEDH, 1998. p. 121-138.

ORGANIZAÇÃO DAS NAÇÕES UNIDAS (ONU). *Declaração de Durban: Declaração e Programa de Ação.* Brasília: SEPPIR, 2011.

SANTOS, B. S. *A gramática do tempo: para uma nova cultura política.* São Paulo: Cortez, 2006.

SANTOS, H. Discriminação racial no Brasil. In: SEMINÁRIOS REGIONAIS PREPARATÓRIOS PARA A CONFERÊNCIA MUNDIAL CONTRA O RACISMO, DISCRIMINAÇÃO RACIAL, XENOFOBIA E INTOLERÂNCIA CORRELATA, 2001, Brasília. *Anais...* Brasília: Ministério da Justiça; Secretaria de Estado de Direitos Humanos, 2001. p. 81-102.

SILVÉRIO, R. Políticas raciais compensatórias: o dilema brasileiro do século XXI. In: SEMINÁRIOS REGIONAIS PREPARATÓRIOS PARA A CONFERÊNCIA MUNDIAL CONTRA O RACISMO, DISCRIMINAÇÃO RACIAL, XENOFOBIA E INTOLERÂNCIA CORRELATA, 2001, Brasília. *Anais...* Brasília: Ministério da Justiça; Secretaria de Estado de Direitos Humanos, 2001. p. 123-138.

Este livro foi composto com tipografia Minion Pro e impresso
em papel Off-White 90 g/m² na Gráfica Paulinelli.